不要成为
一只
面对车灯的
鹿

巧用七个心理学方法
从容面对生活

Don't Be
A Deer
In
Headlights

作家出版社

致读者

在广东阳江一处风景区，有两名游客在吊桥上故意制造"波浪"，大力摇晃和跳动，导致钢索断裂，六名桥上的游客全部瞬间悬空下坠……

还好游客们及时抓住了还没断裂的钢索，所以没有人伤亡。风景区的负责人本来想追究闯祸游客的责任，但后来说："对方态度良好，又是本地人，想想'还是算了'。"

"常识"，是我们从小到大，只要在文明世界长大，就应该自然会懂的事情，但其实经验一再证明，许多人缺乏基本常识，而为自己和别人造成了各种麻烦。

我一直认为，心理学有许多概念，就像是安全须知一样，该成为大众常识，尤其在"认识自己的心理盲点"这一块。越多人知道这些心理现象，越能够避免一些灾难损失，让自己的人生之路平安顺遂。

　　举例来说，你知道在突发紧急状况下，只有 15% 的人会立刻采取逃生行动吗？有相当高比例的民众，反而会表现异常的冷静，仿佛完全没事？！这个现象叫"反惊慌"（negative panic），在方法 2 中，我会教你如何做好准备，不让自己陷入这个致命的心理状态。

　　常识，也能让我们理解自己的弱点。往往这些不是弱点，而是大脑的特点，但就如我在书里所描述的"热车婴儿事件"一样，有时候一闪神就会酿成悲剧，所以我们最好先理解自己最可能在什么状况下会出错，以便降低日常风险。

从另一个角度看，当我们具备这些心理学的知识时，也能帮助我们在社交和工作上更顺利。尤其因为许多心理特点与一般认知是相反的，例如：你想要一个浅交对你增加好感、拉近关系，你可能万万不会想到"请对方帮你个忙"居然是最有效的方法之一！我在方法 7 中将介绍这个现象，叫"富兰克林效应"。

对我来说，心理学迷人的地方，就在于它有时候看似理所当然，但有时候又令人难以置信。透过科学实验和推论，我们越能够理解大脑的不完美和人性的优缺点，能够做系统化的分析和理解，并应用在生活中。

为了让这些理论更接地气，在这个简体中文版，我特别与编辑合作，找出一些近年来在中国大陆引发热议的社会新闻事件，作为每个章节的楔子，对照该章所介绍的心理特点。我们原本以为这些新闻事件会很难找，但后来发现一点都不难。事实上，类似的事件几乎天天都在发生，而当你看了这本书之后，再回去看社会新闻版，很可能会有相同的感慨：社会上还有太多人，不断以同样的方法犯同样的错，受害于自己和他人的心理陷阱。如果社会大众多了一些"心理常识"，或许就能避免许多不幸的发生……

我写这本书的初衷，是要与之前出版的《助你好运》形成姐妹册：前者教"趋吉"，后者谈"避凶"。把心理学如此应用在自我管理和人际关系上，让我们"进可攻、退可守"，每个人都可以过得更有自信、更自在。这是我的期许，也祝有缘的读者您：

　　诸事顺利、心情怡然！

刘轩

生活小实验：盲点

我们的眼球各有一个盲点，在视网膜神经通向大脑的汇集处。要找自己的视觉盲点很简单。相信各位小时候都玩过这个游戏（请见附图）：

闭上你的左眼，用右眼看左边的点点。盯着它看的同时，把你的头前后慢慢移动。在某个地方，你会发现右边的叉叉会完全消失，那表示叉叉正处于你右眼的视觉盲点中。这时候不要移动！张开左眼，闭上右眼，用左眼看着右边的叉叉，这时你应该就会发现左边的点点消失了；找到了一只眼睛的盲点，通常另一只眼睛的盲点也就在同一个对应位置。

视觉盲点神奇的地方，就在于它看起来不是一个"洞"，因为大脑会自动把画面填补起来。如今纸的背景是白色的，大脑就会填上白色；但如果换个背景颜色，大脑也会自动换色，就像一个迅速又聪明的 PhotoShop 插件。

这是大脑很了不起的地方：我们有"自动填空"的本领，完全不需要经过思考。而讲到心理的盲点，也有异曲同工之妙。

所谓的心理盲点，指的是对于事情判断的偏差 (bias)、谬见 (fallacy) 和捷思法 (heuristic)。这些都属于我们大脑天生的演算技巧，目的是为了让我们能更快速评估安危，做出"直觉性"的反应。

举例来说，许多人看到权威的象征（像是身着医师白色长袍的人）就会变得很听话，甚至到"盲目服从"的地步，这与我们身为社群动物有很大的关系。因为只有每个成员都遵守权威，群体才能够和平相处，久而久之，这种"顺从合作"的程序就成了一种基本态度。这虽然有助于社会和谐，但有心人懂得运用这个心理，就能假装权威，劫色骗财轻易得逞。

就像视觉盲点一样，我们自己不容易察觉到心理盲点的存在。一般人都觉得自己能够理性思考、公平判断、就事论事，却不知道大脑更擅于贴上安慰自己的创可贴。

例如许多人常犯的"确认偏差"（confirmation bias），会使我们自动筛选与自己成见相符的信息，而自然忽略相反的意见，本身就是一个保护自己心理的机制。这些盲点，就形成了我们思考的死角。

讲到死角，开车的时候也有所谓的"视觉死角"，位于驾驶座左右手边 90 度的位置 (请见附图)。

因为这个区块不容易在后照镜看到，所以要切换车道时，我们也得查看一下视觉死角，才能确保安全。这是基本行车技术，经常练习就会成为习惯。也因为我们知道其他驾驶者同样会有这些视觉死角，开在高速公路上的时候，我们也会尽量与旁边的车错开，避免自己在其他驾驶者的视觉死角中。

延伸这样的比方，若我们知道自己的思考盲点，下次面对问题时能先提醒自己，用不同的角度交叉确认，同时也避免让自己落入别人的谬误盲点。

如何调整后视镜，减少开车的视觉死角？

对许多汽车驾驶员来说，视觉死角是最容易造成交通意外的原因，但其实这个死角是可以减少，甚至消除的。

一般驾驶员在调整两侧的后视镜时，习惯看见自己的车身占镜面 1/3。但在这种角度下，驾驶者透过两侧后视镜看到的是车身正后方，也就是透过车内后视镜就能看到的区域。为突破盲点，应调整两侧后视镜至最大视野，让驾驶者能清楚地看见车身侧边的区域。只要按照以下的步骤调整你的后视镜，就不会有视觉死角了！

如何正确调整后视镜？

首先调整车内后视镜，让你坐在驾驶位置，能透过后视镜看到车身的正后方，勿偏左或偏右。

接着，调整左侧后视镜：坐在驾驶座上，将身体尽量向左侧倾斜，直到你的头碰触到驾驶座车窗的玻璃。在这个角度，把左侧后视镜的视角逐渐往外调，使你在后视镜里，几乎看不到自己左侧的车身为止。

然后，调整右侧后视镜：在驾驶座上，尽量把头挪到两前座间，将右侧后视镜向外调整，至几乎看不到自己右侧的车身为止。

如何确认无视线盲点？

当你行驶在道路的右线时，发现左后方有车辆要超越你，在不转头查看的状态下，从车内后视镜查看对方的动向。在它即将从车内的后视镜中消失前，会随即出现在左侧的后视镜中，而当它继续前进，超出左侧后视镜的范围时，应该也就进入你前方的视线范围内。

以同样的方法调整右侧后视镜：在你试图超越右前方车辆时，该车会从你的视线内转移到右侧后视镜，随后进入车内后视镜。

　　若你正确调整后视镜，你即便不转头查看侧边，也没有视线盲点。这样做的最大好处，是让你开车的时候能一直面向前方，若前面突然刹车也就来得及反应。如此养成习惯，可以大大降低交通意外风险。

目录

方法 5　给自己一点时间

不要被大多数人的判断所迷惑，做出错误的判断。

方法 6　拒绝"糖衣炮弹"

你之所以孤独，是不知道怎么爱自己。

方法 7　从环境来理解人性

别被外来的力量牵着鼻子走，
规则会改变环境，也会改变人心。

方法 一

用放大镜检查自己，
用行动赢得别人的信赖。

颠覆你的
惯性

METHOD 1

大家还记得 2018 年 8 月 6 日牵动了无数人心的"八岁双胞胎姐妹在青岛海边失踪"的事件吧！

遗憾的是，经过了 22 个小时的寻找和救援，失踪的姐妹遗体均已找到，确认遇难。参与搜救的民警悲伤不已，两个小生命就这样离去，太痛心了！

据报道，两名双胞胎姐妹开学就上三年级了。事发时，母亲坐在沙滩上边看手机边看孩子，等她再看了两眼手机发个朋友圈之后，发现孩子不见了……

最后，真的永远不见了……

入夏以后，全国孩子溺水事件频发。

生命的消逝让家庭陷入伤痛之中，甚至是无限的悲痛。

5 月 27 日，广东开平某水上乐园一名八岁男童不慎溺水，抢救无效后不幸身亡。

7 月 26 日，河北保定三名少年结伴去水库野泳，结果两人不幸溺亡。

7 月 29 日，河南信阳三名未成年人在河边玩耍时不幸溺水身亡。

……

这是父母亲最大的噩梦，不是吗？一个闪神，一不注意，一辈子无法挽回的意外就发生了！

我看到许多家长带着孩子在外面，整天提心吊胆，而且把自己的担心挂在嘴巴上，不断地对孩子嚷嚷着："别乱跑！现在给我停住！危险别碰！小心！"

看他们盯着孩子的那种警觉的样子，简直像保护重要人物的保镖似的，再加上不时听到新闻上出现这种骇人的悲剧，你说怎么能让父母亲不焦虑呢！

在这一章你会看到，**有许多失误往往不是出在精神紧绷的状态下，而是紧绷之余，当我们的脑袋为了"省电"，而自动切换到"惯性回路"的时候。**

许多日常生活中的不幸，都来自一时间的粗心大意。人人都会粗心大意，但我相信，当你了解了背后的原因，也就有机会能够预防这种盲点所造成的不幸。

不是我故意而是不小心

许多日常生活中的不幸，都来自一时间的粗心大意，让我先从自己的糗事讲起。

不久前的某天，我一个人在家，正准备出门搭高铁去南部演讲，这时老婆打电话来：

"老公，我忘了带家里的钥匙，所以你等会儿出门，一定要把钥匙留给楼下的管理员！不然我跟孩子们都进不了家喔！"

"OK，没问题！"我回答。

"千万不要忘记喔！"她特别叮嘱。

老婆很了解我，知道当我在准备活动时，基本上脑袋是少根筋的。我也怕自己忘记，所以一挂上电话，就先把钥匙放进裤子口袋，以便到楼下马上交给管理员。

我按照习惯打电话叫出租车，收拾计算机，洗脸刷牙，穿鞋锁门，搭电梯下楼，这个时候心里不断地念着："别忘了钥匙！"

走出电梯，迎面扑来一阵热风。哇，今天至少35度吧！

我快步穿过社区中庭。透过大厅的玻璃门，我看到出租车已经到了，于是加快脚步，跟管理员打声招呼，跳上了出租车，直奔台北车站。

高铁加速的咻咻声伴随着车厢微微的震动，让我昏昏欲睡。"最好先打个盹，到高雄才有精神。"我心想，"但回来时就不能打瞌睡了，因为那时候已经很晚，怕回家睡不着……"

回家！！！

一阵晴天霹雳，我从头皮麻到脚底，爆出一身冷汗。回家……回家！天啊！钥匙！！

就在这时，手机响了。老婆的声音冷到结霜："钥 —— 匙 —— 在 —— 哪 —— 里……？！"

可怜的老婆，不得不带着两个孩子在外面"流浪"了大半天。当时儿子才一岁多，老婆还得在外面买尿布奶粉，跟邻居借厕所。当我晚上终于赶回家，见到他们三人在门口疲惫等候的样子，恨不得自己铺上算盘，跪地磕响头了！

我这个糊涂蛋！我难道没把家人放在心上吗？为什么前一刻还在提醒自己的事，后一刻就忘得一干二净呢？

别让粗心酿成悲剧

2014 年 7 月 7 日，是个让凯尔·赛思这位父亲后悔一辈子的日子。

当天早上，因为太太有事，凯尔答应先载一岁多的儿子班杰明去托儿所再上班。他把班杰明小心翼翼地放进车子后座的安全椅，绑起安全带再开车出门。

这条上班的路线，凯尔已经开过无数次了，熟悉到不能再熟悉。他想着一天在公司要做的事、接下来要开的会……哎呀，一闪神，错过了前往托儿所的路口。

"没关系，先买杯咖啡再说吧！"凯尔心想，于是他转去商店买了咖啡，然后继续开车去上班，停好车，锁上门，工作了一整天。

下午五点多，他回托儿所接小孩。

"你儿子今天没来啊！"托儿所的人说。

凯尔一开始还很困惑。"奇怪，我不是今天早上先送他过来再……"

根据目击者形容，凯尔有如触电一样拔腿冲出托儿所，而过了不久，则从停车场传来一阵惨痛的叫声。

当凯尔的太太赶到医院，见到先生哭涨的脸，就知道一切都太迟了。

虽然当天户外只有 27 度，但在日晒下，车内的密闭空间却热到可以把蛋都蒸熟。根据法医的检验报告，小班杰明因身体过热，导致器官衰竭致死。

多么令人痛心的悲剧啊！而这竟然不算是罕见的意外。光是在美国，每年夏天平均会有 40 个小孩在车上中暑致死，在全世界未报案的数字应该更多。就当我写这篇文章的同一天，在佛罗里达州又发生了一个"热车婴儿"事件，过程几乎一模一样，父母亲是华裔，还是当地法院的检察官。

但父母亲怎么可能会那么粗心大意呢？那是自己的心肝宝贝欸！每次有这种新闻，网上的留言总是充满了各种骂声。"根本就是故意的！""这种人不配当父母！""我多糊涂也不可能犯这么不可赦免的大错！"

但警方历年的报告显示，其实任何人都可能会犯这种错，不分学历、智商、家庭收入。凯尔·赛思是计算机工程师，太太是律师，两人享有高薪稳定的生活。而一时的粗心大意，竟然把幸福美满顿时变成了一场噩梦。

一时的粗心，谁都会有，通常没什么大碍，问题是哪天如果忘记的不是钥匙或雨伞或钱包，而是更重要的东西怎么办？"钥匙事件"是个警惕，提醒我绝对不能再那么掉以轻心。

为何明明放在心上的事，却还是会瞬间忘记呢？进一步研究后，我发现这不是多吃银杏、喝咖啡就能解决的问题，而是一个"习惯"加上"分心"所造成的状况。

人人都会粗心大意，但我相信，当你了解了背后的原因，也就有机会能够预防这种盲点所造成的不幸。

为什么人会粗心大意？主因有三。

第一，"慌神"。睡眠不足、压力大、喝了点酒，神志不清当然容易出错。

第二，"闪神"。当我们忙起来，尤其同时要处理好几件事的时候，更容易分心而出纰漏。

第三，也是多半人不知道的原因：因为"省电"。

什么？是的，为了节省自己的脑力！

人脑不过 1.5 公斤重，消耗的热量却是全身的 1/5。它就像是计算机的中心处理器，思考时会用很多的能量。现代计算机有各种快取功能和自动变频的 CPU，而我们的大脑经过了千万年的进化，也发展出各种节省脑力的技术。节省脑力就等于节省体力，让我们吃少一点也能存活，所以省电不只是因为懒和爱放空而已。

大脑省电的方式,就是建立"习惯"。一件事只要重复了几次,开始熟练后,许多动作就会被自动化,而较不需要花脑筋思考。

举个例子:

你今天刷牙没?有吗?你怎么知道?

对大部分的人,这没什么好问的,因为起床后本来就会刷牙,从小到大都这样。刷牙的动作也是常年的习惯,不需要思考。有时候我睡眼惺忪地踏进浴室,刷完牙还在半梦半醒,要不是嘴巴凉凉的,还未必知道自己刚做了什么。[1]

惯性行为就像是一套写好的程序,能够一气呵成,让我们熟能生巧,还可以同时做更多事情。如果没有这个省电模式,那我们就学不好钢琴,打不好网球,而且出门半天搞不好就累瘫了!

---

[1] 将近 100 年前,美国的白速得牙膏销售远远超过其他牙膏,就是因为只有他们加入了薄荷成分,于是让人有一种很明显的刷完牙的感觉。后来其他品牌学到了,纷纷都加入薄荷味道,销售差距就拉近了。

大脑的省电模式

透过动物和人类实验，学者后来发现惯性行为分为几个阶段。

首先，惯性行为需要一个指令 (cue) 才会开始执行，而这个指令往往来自环境中的提示。

指令可以是个东西、也可以是声音、味道，或是一整个环境的氛围，例如：

听到了铃声，我们就会四处找手机（铃声是指令，启动的是"接电话行为"）。

早上走进浴室就开始刷牙，开水龙头洗脸（浴室和早晨是指令，启动的是自己的早安）。

到了办公室，就会开始打卡，泡咖啡，开计算机查邮件……

一旦大脑察觉到了指令，便会唤起相对的惯性 (routine)。

惯性就是我们已经养成习惯、可以自动完成的行为。这也是最省脑力的阶段。

而当惯性执行完毕时，最后一个阶段则是奖励（reward）。奖励并不一定要是"奖励"，而是任何习惯期待的结果，例如：

对老鼠来说，奖励就是跑完迷宫，获得了奶酪；

对瘾君子来说，奖励就是抽完烟，感受到尼古丁的微晕；以刷牙而言，奖励就是嘴巴里那凉凉的薄荷味，想象如果你刷完牙，嘴巴里竟然是牛排的味道，岂不会觉得很怪吗？

CUE-ROUTINE-REWARD 构成了我们最基本的"惯性回路"(habit loop)。在这个回路中，我们的大脑在寻找指令和奖励的时候最活跃，而在执行惯性的时候最可能心不在焉，运用那省出来的脑力思考别的事情，例如今天出门要穿什么衣服，早餐要吃什么，等等。

根据南加州大学心理学教授温蒂吾德的研究估计，一般人的生活中有四成的行为都属于惯性。好处是，我们一天可以有不少时间放空或想别的事，几乎像是"一心二用"。

坏处是，惯性回路的效果很强，一不注意就会盖过其他的思绪。

惯性回路害了我

你是否曾经为了找东西而快步走进一个房间，一开灯，却完全忘记要找什么？

这是因为当你走向房间时，整个路程都处在半自动状态，很可能同时也在想别的事。这时突然再进入一个充满了各种指令的熟悉环境，一开灯就想："不对啊，我进来卧室不是要睡觉，那是要干吗？"于是就傻乎乎地站在那里，好像突然梦醒了一样。

这不一定表示你的记忆衰退，而是你在半自动状态下分心，又被各种环境中的指令打乱了思绪。所以不用太慌张去买银杏和补脑丸。当然啦，如果这种事一直不断发生，你最好去做个检查。

惯性回路可以很顽固。一旦大脑认定说"这是我应该做的事"，其他的插曲有可能会被忘得一干二净，而且这种分心状况不一定只发生在无关紧要的小事情上。

以"钥匙事件"为例，因为我经常从家里坐出租车赶高铁，整个流程已经成了惯性动作，从叫车到出门下楼都属于同一个。当我一踏出电梯，迎面吹来的热风可能造成了一时的慌神。这时候看到了出租车出现，就马上启动了"上车"的惯性。这时我加快脚步，甚至还按照习惯跟管理员打了招呼，直接跳上车，一气呵成。几秒之前还在提醒自己不要忘记的钥匙，因为属于惯性回路之外的"插曲"，就在那一刻完全忘记了。

凯尔·赛思的不幸遭遇，也有类似的特征：他当天按照习惯开车，所以一开始就错过了转弯去托儿所的路口。但当时他又图方便，先按照习惯给自己买了杯咖啡。那杯咖啡很可能启动了另一个惯性：也许喝到那口咖啡，便立刻让他的大脑"确认"自己已经要开始工作。这时虽然儿子还在后座，但很可能因为睡着了而没有声音。凯尔平常也应该没有养成下车前查看后座的习惯，于是锁上车门就上班去了。

美国对于热车婴儿事件做了很多研究，发现几乎每次都按照同样的剧本发生：父母亲某天别于往常要带着孩子出门，坐在后座的孩子睡着了而没有出声。父母亲当时正在想别的事，停了车便顺手锁门。而一旦踏进了熟悉的环境，启动了另一套惯性行为，孩子就完全被忘记了。

根据一份相关的调查报告，每四位家长和保姆中，就有一位曾经不小心把孩子忘在某个地方！绝大部分的时候，大人都还能及时发现疏失，顶多让孩子受了惊吓，但偶尔还是会有悲剧发生。[①] 越忙碌、越烦躁、越在习惯的环境中赶着完成事情，就越容易落入惯性的不自觉状态。

我老婆平常比我细心多了，但连她也曾经粗心大意过：好几次赶着出门上班时，她原本要把一袋东西交给管理员，到了公司才发现袋子还拿在手上。

我很感谢老婆能够谅解我的疏忽，但也不禁想：如果那不是一袋干洗衣服，而是一袋现金；如果不是钥匙，而是自己的孩子，那情何以堪！[②]

如果你容易粗心大意，就要做好准备

所以，要避免粗心大意，请记住——

第一，务必睡够了，放松心情，把重要的事安排在一天精神状态最好的时候处理。

---

① 美国以前鲜少会有热车婴儿意外事件，因为父母亲都让孩子坐在前座。后来因为汽车都安装了安全气囊，而气囊的冲击力容易导致前座的儿童受伤，所以法令改为儿童必须坐在后座的安全椅上。但这么一来，许多家长忘记查看后座，就容易忘了孩子。1990 年当安全气囊还不算普遍时，美国仅有 5 件热车婴儿猝死事件，但随着安全气囊普及化，热车婴儿的案例也跟着爬升；到了 2000 年，一年就已经有 35 个热车婴儿悲剧了。

② 一袋现金的事还真的发生过。我认识一位医生太太，某次从银行领了一大袋现钞，因为忙着找钥匙，就把现金暂时放在车顶上，找到了钥匙便上车开走了，那袋现金也就在路上随着风飞了！

第二, 列个清单, 把要做的事情先写下来, 按照清单做完了, 再去处理别的事, 并培养定时查看清单的习惯。如果你想要锻炼自己的脑子, 也可以练习位置记忆法（method of loci）。

第三, 放只"虫"扰乱自己的惯性回路。这需要一点解释。

1945 年, 哈佛大学的计算机系统出了问题。当时一台计算机就占一整个房间, 密密麻麻都是电线。教授爬进架子里检查, 找到了问题：一只飞蛾飞到了线路板上, 造成短路。教授把飞蛾抓起来, 粘在记事本上, 并写着："抓到了虫。"

从此之后, 解决计算机程序的问题, 便被工程师俗称"除虫"。

计算机工程师想办法除虫, 但我们则要"放虫", 怎么说呢？

如果你今天要先带孩子去托儿所再去上班, 上车时, 请你先把手机和公文包放在后座的安全椅旁边。当你要下车时, 发现手机不在身边, 则会扰乱你的惯性回路, 终止自动状态。"放虫"的概念, 就是刻意制造一个错误, 让平常的自动模式中断, 达到适时的提醒效果。

"放虫"也要讲究技巧

这确实需要一点反复试验才能搞定。我刚开始练习"放虫"时, 就犯过这样的错误：某天, 我又在准备出门演讲。因为我用的计算机是 Macbook, 需要一个特殊的转接头才能接上一般的投影机, 而很少场地会具备这种接头, 所以每次都自己带。

通常，这个转接头就放在我的随身包里，但当天我正好要换个背包，所以就先把转接头放在桌上，等着一起装进另外一个背包里。但后来到了会场才发现，转接头还是忘了带！

我犯的糊涂错，就是以为自己"只要看得见，就会记得住"。

我虽然把转接头放在桌上很醒目的位置，但看过了一两次之后，大脑便对它产生熟悉感，而不再特别留意。这时我又在赶时间，满脑袋都在想演讲的内容，在半自动又分心的状态下收拾背包，所以即使就在眼前，也竟然视而不见。

这就像是不少人接到了账单，若当下未能处理，就把账单放在书桌上提醒自己。

问题是，当时间拖久了，每天看到那账单，反而就对它愈来愈没感觉，之后被其他的信件盖过去，也就忘得一干二净，直到催缴通知寄来。

同样的，有些人出国前会把护照等重要文件放在桌上等最后收拾，结果赶到了机场，才发现护照竟然忘了拿。

如果你也曾经干过这种傻事，请记住：不要把书桌当作你的待办清单！你不但很快会习惯桌面的样子，失去提醒的效果，而且还会让你更难找该找到的东西。

所以，"虫"不能只是出现在周遭的环境中，而必须是扰乱惯性行为的途径，让它冒出来的时候会有意外的效果。

举例来说，出门时一定要锁门，所以我可以把转接头跟钥匙夹在一起，就不容易忘记。

出门时也一定会检查是否带了手机，所以我也可以把转接头跟手机先放在一起。

要不然，就把转接头放到鞋子里吧！当然，要先确定自己当天要穿哪双鞋。

同样的，今天若你别于往常需要带宝宝出门，不能只放个尿片在公文包里。你应该把公文包、手机、办公室钥匙都放在宝宝旁边，才最保险。

或者，你可以先打电话交代秘书："今天见到我时，就要问我是否带孩子出来了！"若你没有秘书，但知道自己一进办公室会习惯先看 E-mail，那就事先寄信给自己，主旨写"孩子在哪里？"

你也可以在手机上设个闹钟，在你平常到公司的时间响起。

重点是：要刻意扰乱惯性回路，才能让自己跳脱半自动模式。

世界之所以如此难以看清，不是因它的奇异，而是因它的平常……熟悉也会蒙蔽你的双眼。

——罗伯特·波西格《禅与摩托车维修艺术》

位置记忆法

如果你经常出门时忘东忘西，也不用太自责。可能生活实在太忙碌，使你太容易分心。这个状况能够彻底改善，但你一定要练习。

方式一：列个清单，贴在门口（有些人会摆一个白板或记事本）。这个方法最直接，但你一定要出门前查看清单，也要养成随时把东西写在清单上的习惯。有清单但忘了写，或写了却忘记看，就一点效果都没有。

方式二：这个年头，很少人出门时会忘记带手机，于是我们可以把重要事项写在一张便利贴上，并把便利贴粘在手机上，出门时拿起手机就能看到提醒。当然，你也可以用记事本 APP 代替便利贴，但最好设定闹钟，让手机提醒你看清单。

方式三：这个古希腊人就在使用，也是最环保的记忆法，叫作位置记忆法。它所依赖的就是大脑对"空间"记忆的优势。①

如果你闭上眼睛，可以很容易想象自己在家里面走动，还有每个房间的位置和摆设。你甚至应该不太费力，就能大致记得每个房间里摆了什么东西吧？这些物品若是列成一个清单，八成很难记得起来，但因为它们已经在你脑海的"空间地图"里，就能轻松记住。位置记忆法的运用方式，就是把你要记住的东西，分别"置入"到你所熟悉的空间里。

首先，请在头脑中创建一幅熟悉的场景，为这个场景选定路线，在这条路线上选定一些特定的点，然后将所有要记的东西都视觉化，并依照顺序和这条路线上的各个点联结起来，这样一来当你在回忆时，只要依循这条路线的各个点行进，就能轻易想起你所要记的东西。

例如，你设定的场景是从家走到公交车站的路，沿途有书店、邮局、电影院、幼儿园和便利商店，而你要记的物品分别为奶粉、奶油、面包、啤酒、香蕉，你可以在物品与沿途店家间进行这样的联想：书店里到处弥漫着奶粉，邮局里的人们用奶油贴邮票，电影院里所有的座位都是用软绵绵的面包做成的，幼儿园正在举办啤酒试喝活动，便利商店挂满了一串串香蕉。

---

① 研究显示，海马体有一种特殊的细胞，像是格子一样对应着外在的空间。这种"位置细胞"让我们能够记住曾经去过的空间，这可能是为什么位置记忆法的记忆能够有别于一般记忆而特别难忘。

这种联想越奇特越好，位置记忆法在有记忆顺序需求时特别好用，古代罗马元老院的政治家们也常常用此方法记住自己演说的要点，但他们会将原本的"空间"换成"身体部位"。例如，你要记的项目依序为阳伞、海滩球、冲浪板、玻璃瓶、听诊器、钱包、床单、生鱼片、针筒、坦克车、蟑螂、长颈鹿、锁链、椰子、树叶，你可以把身体部位由上而下分成：头顶、眼睛、鼻子、嘴巴、耳朵、脖子、胸部、腰、肚脐、屁股、大腿、小腿、脚踝、脚趾、脚底。此时运用想象力，把身体与物品联结起来，在心里想象这样的画面：眼前有个男人头顶戴着阳伞，眼睛装的是两颗海滩球，鼻子平坦得像冲浪板，嘴巴含着玻璃瓶，耳朵戴着听诊器，脖子上挂了钱包，胸前披着床单，腰上绑着新鲜的生鱼片，肚脐上插着针筒，屁股像坦克车巨大，大腿上停着一只蟑螂，小腿跟长颈鹿一样长，脚踝被锁链绑着，脚趾肿得像椰子一样大，脚底踩着树叶做成的鞋子。

运用位置记忆法，你能轻易在一分钟内背好十五项物品，甚至可以倒着背，这样的方法任何人都学得会，而且能轻易运用在生活中。一般人对于画面的记忆力远比对文字及数字强，所以透过位置记忆法完成的记忆通常不太容易被遗忘。最方便的是，你再也不用携带纸笔随时写下重要的事情，正如前面的例子，只要把事情跟身体部位做联结，当你使用该部位时，就会想起对应的事件。

位置记忆法是结合个人想象力及创造力的记忆法，或许刚开始运用时会有点不习惯，但透过一次次的磨炼，自己的观察力、想象力、联想力及创造力也会随着增加，你出门就再也不怕忘东忘西了！

一个母亲和妻子的勇敢决定

2017 年 4 月，凯尔·赛思在律师的陪同下出庭，等待法官的判决。

经过了一番调查，凯尔被检察官以"刑事过失杀人"罪起诉。他坦诚自己的疏失，表示愿意接受法律上的任何惩罚。

但法官宣布："我认为，赛思先生已经承受了足够的煎熬。他给自己的责备超过了我能够给予的责备。我也不愿意再惩处他，因为传统的惩罚不适用于这个状况。"法官允许凯尔·赛思当庭获释，回到家人的身边。他们全家随后搬去了科罗拉多州，开始了全新的生活。

凯尔的太太琳赛·赛思是个了不起的坚强女人。她不但原谅了她先生的过失，还同时展开了一连串的推广行动，与车商研究安全科技，并提案修法强制安装这些科技，让未来的父母不会再有与她同样的遭遇。

她与美国《时代》杂志做的访问，看了令人动容。"那天晚上在医院急诊室，我做了一个决定。我可以选择歇斯底里地失控，或者我可以把全家团结起来，一起做一些正面的事。”她说："我已经做了我的决定。我要拯救别的孩子，来重获我儿子曾经带给我的幸福。”

容易迷失的原因，
放弃了改变思维的勇气。

方法

2

内心
反复演练

M E T H O D   2

2018 年 10 月 9 日晚，南京某高校女生因坐反末班公交误入荒郊野外，无奈之下哭着报警求助。

　　现场录音显示，警察姐姐耐心地说："小朋友你先不要哭，小朋友你多大啦？"

　　女生回答："我好大了，我十八岁了，快二十了，呜呜……"

　　录音公布后，网友笑喷。

　　最终警察叔叔"一路漂移"，用警车把她送回了学校。

其实，面对"录音公布后，网友笑喷"这样的状况，我觉得该女大学生是值得表扬的。

人在陌生的环境会产生惊恐的心理，我们可能都曾经这么安慰过身边过度惊恐的人："没事、没事，不用怕、冷静一点！"

但你知道吗？当真正的紧急状况发生，尤其是碰到了突如其来的意外状况时，有些人竟然会展现出恰恰相反的反应，变得"过度冷静"。

我们都听过动物遇到威胁时会展现的"打或逃本能反应"(fight or flight response)，但其实除了 Fight 和 Flight，还有第三个 F 开头的本能反应：Freeze（凝停）。

在这一章，我们将根据史上最严重的空难事件、近年惊动台湾社会的八仙尘爆、9·11 恐攻事件等记载，来探讨这个很不合理、也不常被我们注意到的心理反应，并告诉你平常如何做准备，来避免自己也落入这种情况。

回到这位女大学生，她能在自己有可能处于危险的情况下，打电话求助警方，虽然不是最高明的自救方法，但却是最有效的。能够采取行动，总比惊慌失措而什么都不做要来得好。

冷静

　　"千川，这个周末去海边玩好不好？"我兴奋地问我的两个小孩。

　　"可是海里有鲨鱼会咬人欸！"竟然是他们的回应。

　　天啊！他们还不到五岁，已经对鲨鱼有那么恐怖的想象。

　　鲨鱼真的有那么危险吗？每年有数亿人在海边游玩，平均每年有十个人死于鲨鱼攻击，但每一年却有两亿只鲨鱼死在人的手里！① 我们对鲨鱼远比鲨鱼对我们危险多了。

　　千川对鲨鱼的印象只有之前在水族馆看过，其他则要归功于绘本、卡通，还有爱说故事的大人。谁叫鲨鱼长得那么凶狠，又是好莱坞明星？自从当年被斯皮尔伯格捧红之后，"大白鲨"就成了海里最可怕的动物，其恶名远超过实际的威胁。

　　但你知道吗？有一种看似天真无邪、连小朋友都喜欢的动

---

① 鲨鱼攻击人类的案件分为两种：被挑衅以及未被挑衅。未被挑衅的鲨鱼攻击人类事件在近年来的确有微幅上升的趋势，主要是因为愈来愈多的人进行水上运动，而不是鲨鱼对人类展开集体报复。

物，每年却造成至少 200 人死亡、一万多人受伤、超过一亿美元的经济损失。猜猜是谁？

答案是：鹿。没错，就是那眼大大、腿长长的"班比"！

某次我跟美国好友在新英格兰区的乡间小路开车。天色渐暗，朋友就警告我："你得特别小心！这里的鹿又多又笨，它们会突然从森林里冲出来，看到车子也不会躲！"

"怎么会这样？动物见到车灯，不都拔腿就跑吗？"

"不，它们反而会停下来看你，好像存心要被撞似的！"

当时速 100 公里的轿车撞上 300 公斤的公鹿，结果往往是人鹿共尽。那些"小心鹿"的警示牌可不是开玩笑的！英文还有个成语：Like a deer in headlights（就像是一只面对车灯的鹿），用来比喻它们（或一个人）惊慌失措而动弹不得的模样。

在大自然，小动物遇见猎食者时，有时也会僵住，甚至装死。这种求生的本能叫恐惧型心动过缓（fear bradycardia）。但鹿不算是小动物，跑得又快，照理来说不应该会有这种反应。

动物学家后来才发现，这些鹿会突然停下来，是因为他们的眼睛瞳孔太大，遇见强光来不及收缩，导致短暂失明。鹿的大瞳孔让它们有很好的夜视力，但这个优势在公路上反而成了致命的弱点。

想想看，如果你正在快跑的时候，突然一闪，什么都看不见了，你会继续跑，还是停住不动？

瞬间

一阵闪烁，一股扑面而来的灼热。接下来的十几秒，静文 [①] 什么都不记得了。

当她再回神时，场内只剩下几处零星的火光。奇怪的是只有她还站着，身边其他人在混乱中统统被推倒在地上。原本拥挤的舞池空了，舞台灯也灭了。一片昏暗中，她看到远处有个人坐在地上，身上还在着火。

恐惧感一拥而上，静文快步往后倒退，但这时想起朋友们都还在那里，赶紧又跑回去。

回到舞池边，静文看到她的两位朋友，蕙如和小花，站在那里，头低着东张西望。

"你们在干什么？"

"找我的鞋子。"蕙如说。

---

① 八仙尘爆事件，我访问了五位在场的目击者。他们都很靠近爆炸中心，但幸好都全身而退。为了隐私，我都没有使用他们的本名。

"还在找鞋子干什么？！快点走啦！"

"不行，我要找我的鞋……"

"我实在搞不懂她们为什么那个时候还要找鞋。"静文后来告诉我："可是她们很坚持，后来还真的找到了，我们才走。"

三个女生到了外场，才目睹新闻报道中不断形容的"人间炼狱"：动弹不得的伤员、遍地的宝特瓶和衣物、五彩的粉尘和地上的血脚印。但真正让她们害怕的是那些伤员撕裂般的痛苦哀号，还有好多满脸惊慌的年轻人，不断呼喊着走失朋友的名字。

静文从小就有的哮喘，这时开始发作了。蕙如和小花赶紧把她带到一旁，按摩她的肩颈，轻声细语安慰她，等到静文稍微舒缓后，才赶紧一起离开。

2015 年 6 月 27 日在新北市发生的"八仙乐园派对粉尘爆炸事故"，共造成 14 人死 485 人伤，其中 5 人性命垂危。因为那是一场舞会，参加的多半是年轻人。主办单位为了助兴，用二氧化碳压缩气大量喷洒颜色粉末，但易燃的玉米粉加上粉尘密度过高，疑似接触了火源而瞬间爆炸。当时舞会正处于巅峰状态，舞池挤满了人，火只燃烧了十几秒，但群众措手不及，才造成了那么多的伤员。

静文和朋友们原本在舞池中间，看到旁边有个泡泡机好像很好玩，就挤了过去。不到五分钟，舞池中间就瞬间点燃，一直烧到她们所在的舞池边缘。而她们身上的泡泡和潮湿的地面，很可能就是能够幸免的原因。

事后一个月讲起来，静文还是心有余悸。

"我不懂为什么蕙如跟小花可以保持那么冷静。"她说。

"其实，我比较好奇的是，为什么你当下的反应比较快？"我问。

"不知道，我一开始也傻了。大概有十几秒，我的脑袋是空白的。不过后来回神第一反应就是，赶快离开……"

访问快结束时，她又跟我分享一个故事："差不多两年前吧，我曾经在看电影的时候遇到地震。当时摇晃得很厉害，整个戏院都从逃生门疏散。我平常走楼梯都会喘，但那天我连续跑了十几层楼都没事，我自己也很惊讶……可能因为害怕，体力就变好了吧？"

之前就曾有不少报道传说，人在紧急状况中突然会获得超能力，例如母亲能徒手搬开汽车救孩子，或有人能以跑百米的速度冲出火场而毫发无伤。这些奇迹般的故事让许多人相信，一旦碰到紧急状况，求生本能被激发，能瞬间让我们有《谍影重重》中的杰森·伯恩一样的快速反应和力气。

在大量肾上腺素的催化下，人的确有可能大幅提升体能。但实际碰到紧急状况，一般人的反应并非那么厉害。

根据统计，在紧急状况中，只有 15% 的人会在第一时间做出正确的求生动作。

另外有 15% 的人则会惊慌失控，完全丧失理智。而其余的

70%，也就是大多数的人呢？

答案令人难以置信。

1977 年 3 月 27 日，一架载满乘客的荷兰皇家航空波音 747 正准备从加那利群岛的特内里费岛机场起飞，当时跑道上有浓雾，能见度极差，连塔台也看不清楚跑道上的状况。

荷兰皇家航空的机长听了塔台说"OK"，以为那表示他可以起飞，于是油门全开，开始高速前进。

问题是，机长听错了。当时还有另一架泛美航空的波音 747 也在跑道上。

在浓雾中，当双方终于看到彼此时，已经来不及闪躲了。荷兰皇家航空的机长赶紧设法起飞，但飞机底部还是擦撞到泛美航空的飞机，把中间削了一个大洞，随之失去控制，不到 100 米后坠落地面。整架荷兰皇家航空班机立刻炸成一个大火球，乘客全数死亡。

但灾难还不止如此！当消防队冲往坠落地点时，误以为在浓雾中看到的黑烟也是荷兰皇家航空残骸的一部分，竟然不知道有另一架飞机在跑道上着火，还有不少人等着救援。

保罗·海克先生是泛美航空的其中一名乘客。他当时跟太太正坐在位子上等待起飞，突然一阵巨响，整个机舱就开了个大天窗，四处碎片乱飞，大量浓烟涌进，火焰伴随着熔化的塑胶从四处滴下来。他立刻解开安全带，跳起来跟太太说："快跟着我来！"

海克夫妻两人移向紧急出口，发现那里都是火。机舱的左侧只剩一个大洞，也没有救生梯。管不了这么多了！保罗抓着太太的手就往外跑，跳到飞机的左翼，再从那里跳到地上，跑到安全的地方。过了片刻，整架飞机就爆炸了。

至今，特内里费岛空难仍是历史上死伤最高的空难。荷兰皇家航空班机上 248 名乘客和机员全数罹难，而泛美航空班机载了 396 个人，却只有 61 名生还者，其他人都死在火势和浓烟中。

事后的调查有个疑点：在泛美的飞机爆炸前，还有好一阵子的时间。如果多半的乘客没有在第一时间的撞击中受伤，为何没来得及逃生呢？

保罗·海克的妻子后来向调查人员叙述当时的状况：事情发生的当下，她看着四周的火焰，心里竟然感到出奇的平静，直到先生大声叫她起来才稍微回神。而当他们冲向紧急出口时，她转头看到同行的另一对夫妻，两人还系着安全带，端正地坐着，嘴巴微微地张开，而大部分其他的乘客竟然也都如此坐着，像是在看电影似的。那是她见到这些朋友的最后一面。

消极的惊慌

早在特内里费岛空难发生的十年前，美国报纸就曾经出现过一篇报道，提到一个很诡异的现象，叫作消极型惊慌（negative panic）。

Panic 就是惊慌，但消极型惊慌则与我们一般的认知不同；处于消极型惊慌的人反而异常的冷静，仿佛没有意识到紧急状况。报道引述美国联合航空的官方估计：在紧急状况中，85%的乘客会有这种消极型惊慌的反应，完全不顾自己的安危。

"空服员一定很难理解，人都有求生的本能，但为何那么多人在惊慌中无法行动？"联合航空的空安训练教官说："但是我们要记住，对于多半的乘客来说，飞机是个多么陌生的环境……"

现在你应该知道，为什么每次飞机起飞前，空服员一定要详细解释紧急应变措施了吧。

但问题是，有几个人会仔细听，又记得住呢？

消极型惊慌是个很严重的问题，也是紧急救护人员都深知的危险状况。一旦事情发生，十个人里面有七个都可能不会行动，不但错失了关键的逃生机会，也很可能会连累其他人。

为什么会有消极型惊慌呢？有一个可能，就是大脑一时受到了太多刺激，一时反应不过来。面对突然而来的全面状况时，大脑需要八到十秒来决定行动。在高度压力下，这个时间可能更久。

但奇怪的是，即使回了神，很多人却还是动不起来，反而比平常还更冷静，一副老老实实的样子。

我最近去客户的公司开会，就亲自体验了这个现象。

会议进行到一半，突然觉得有点摇晃，然后摇得愈来愈厉害，原本做简报的人也停下来了。

"地震。"有人说。

"是啊，地震。"有人回应。

"还不小。"

"嗯。"

大家互相看着彼此，手摆在桌上，好像准备要站起来，却没有人动。

十几秒过去，摇晃的感觉减弱了。原本做简报的人又继续开始讲，大家也都一副正常的样子，虽然好几位同事这时都偷偷拿出手机传简讯给家人。

遇见地震，正确的求生做法，不是应该立刻离开窗户，蹲低保护头颈，躲到桌子下面并抓住桌脚，所谓的躲——藏——护（duck-cover-hold）吗？假设当下有人立刻说："躲到桌子下面，保护头颈！"我相信很多人会跟着做。

但长达半分钟的摇晃，会议室里的同事只有你看着我，我看着你。那种尴尬的感觉，就好比会议被某人的手机铃声打断，大伙儿只是等着铃声结束而已。

遇到状况时，我们该主动的时候反而被动，以别人的反应来决定自己该怎么反应。

若别人偏偏也都没事的样子，我们也就很快说服自己"还好，没事"。

于是大家都装作没事——直到有事。

1999 年在俄克拉荷马州，一个超级龙卷风来袭，整个地区 13 分钟前就响了警报，但还是有不少人在路上走来走去，好像不相信会吹到他们。后来这个龙卷风彻底摧毁了 8000 多户人家。

2004 年 12 月发生的印尼大地震引起了海啸，当整个海面都在倒抽冒泡，显然很不对劲，竟然还有人跑去水边捡贝壳。那次的海啸扫过了 14 个东南亚国家，造成了 23 万人死亡。

2001 年 9·11 恐怖袭击事件，当两架飞机都已经撞上了世界贸易大楼，大家忙着逃生时，竟然还有 1000 多人花时间关闭自己的办公室计算机。

2015 年八仙尘爆，当一个热闹的派对突然化为火海，大家跑都来不及，竟然有人还冷静地在现场找自己的鞋子⋯⋯

　　这就是令人难以置信的"正常化偏误"(normalcy bias)：我们内心虽然一团乱，但外在还是会假装正常。这很可能是致命的盲点。

如何成为那反应快的15%

经常遭受天灾的日本，对于"正常化偏误心理"做了最多的研究。

他们发现，一收到紧急状况的消息，一般人的反应有个固定流程：

首先，你会看身边较信任、较熟的人怎么反应；

其次，你会看其他人怎么反应；

再次，你会跟家人或亲友联络；

然后，你会开始准备逃生；

最后，你才会开始行动。

越是没有碰过的状况，人就越会犹豫，也越会根据别人的反应来决定自己的反应，这时很多人还会安慰自己："没有那么严重吧！"但生与死，往往就决定在那短暂的分秒之间。

怎么办呢？我们该如何突破这个致命的盲点呢？

让我们来看看，那15%反应够快的人，他们做对了什么。

9·11恐怖袭击事件发生时，当第一架飞机撞进了世界贸易大楼的那一刻，曼纽·伽耳立刻从他的位子上跳起来，冲向逃生梯，远比其他同事早抵达地面。事后，记者问他为什么能反应那么快，他说自己小时候在秘鲁曾经历过一场大地震，后来住在洛杉矶也经历过各种大小地震，而9·11恐怖袭击事件发生的前一年，他住的房子发生火灾，幸好及时逃出来。也许因为经验特别丰富，所以反应比较快吧!

2004年印尼大地震时，有位十岁的英国小女生蒂莉·史密斯正跟家人在普吉岛度假。当时她就发现海面很不寻常，立刻警告了家人和所有身边旅客，而因为她的及时警告，她所居住的饭店就没有任何人罹难。原因是刚好在度假前，蒂莉·史密斯在学校上了一堂有关海啸跟地震的课，所以认出了海啸发生的前兆。

特内里费岛空难生还者保罗·海克先生呢? 他说，因为小时候曾经从失火的戏院里逃出来，给了他很大的惊吓，所以每次到一个新的环境时，他都会特别留意紧急出口的位置。那天在飞机上，他先阅读了椅背的安全指示卡，还先把出口指给老婆看，所以在第一时间，他的脑袋里已经有了必要的信息，能够立即行动。

我父亲小时候，家里也曾经失过大火。据说当他从火场里逃出来时，眉毛都被烧焦了。因此，每次旅行时，一走进旅馆房间，我爸一定会先看门上张贴的楼层图，并向我指出逃生梯的位置。

过去的灾难经验，会让人更加警觉。

但至今还未遇过灾难的人呢？我们有办法做好心理准备吗？

日本防灾学者一再发现，让人有正确的求生能力，最有效的方法就是演习。

日本学校的防灾教育包括了地震、火灾和水灾演习。孩子们甚至还会练习穿着日常出外游玩的便服和鞋袜在池子里踏水。"让学生知道穿着衣服掉到水里的浮力与重量跟平日只穿泳衣有何不同，万一孩子真的遇溺了，他的脑海和身体起码有个印象记得要怎样脱险。"

反观我们的社会，往往只为了方便，或担心让别人觉得不方便，于是把紧急演习变成一种半吊子的例行公事。

我住的大楼，按照法规，每年都会进行火警测试。除了早早就在布告栏上通知住户，测试警报的当天还会用广播一再强调："这只是测试警铃系统，住户不需要理会……"

已经好几次了，我明明听着警报在响，但还继续处理我的工作。久而久之，我们是否就会习惯了这种感觉？我虽然很感谢社区对住户的贴心，但经过这些研究，我反而开始担心了。

想想，若哪天真的有火灾发生，当火警响起时，大家能够立即分辨这次是来真的吗？如果不曾走过一趟逃生梯，又怎么知道实际需要花多少时间可以疏散所有居民？只测试警报而没有实际的行动演习，反而导致"正常化偏误心理"更容易发生，哪天一旦真有火灾，大家却不以为然。那会是多么危险的状况啊！

在防灾知识和实际演习方面，我们的确可以做更多！

编辑部火灾现场实录

　　我的编辑逸竹看到了这篇文章，也提供了自己的亲身经验，从中可以看出我们对于意外状况慢半拍的处理问题。

　　那是一个很寻常的冬日午后。

　　偌大的编辑室里，此起彼落的键盘敲击声响，交织成一首节奏紧凑的行进曲。

　　就在编辑们专心作业的同时，楼梯间突然警铃大作，警报随之而来。

　　"所有人员请注意，现在已经发生火警，请尽速往安全门方向疏散——"

　　大伙停下手边的工作，但却面面相觑，谁也没有真正起身逃离现场。

　　"哎，是测试吗？"

　　"不知道，应该是假的吧。"

　　几个编辑交头接耳讨论了几句，又各自把目光转回到计算机荧幕上。

"所有人员请注意，现在已经发生火警……"

警报又响了一次。

有些人开始穿起外套，有些人仍旧无动于衷，但还是没有人走出编辑室。

空气中弥漫着一股既紧张又松懈的奇异氛围。

一串电话铃响打破了这样的僵局。主管接听后，随即对众人大喊："真的失火了！大家快跑！"

整个编辑室顿时就像水入油锅一样炸开，大家纷纷存档关机，整理桌面，收拾物品，切断电源……

最后姗姗离开现场。

想象力也可以当作演习

运动教练早就知道:光是靠想象力,也可以达到练习的效果。

"飞鱼"菲尔普斯在早年练习游泳时,教练就叫他每天睡觉前"看一次录像带",起床后再看一次。

那不是一卷真正的录像带,而是在脑海里想象一场完美的赛事,从跳进水中到抵达终点,包含每一个滑水的姿势,水中的感觉和声音。教练要菲尔普斯想象每一个微小的细节,每次实际练习时也不断叫他"播放那个录像带"。

在 2008 年北京奥运的 200 米蝶式竞赛中,当菲尔普斯跳入水中,突然发现泳镜有问题。过了不久,整个泳镜都进了水。到 150 米最后一段时,他什么也看不见了。

但他没有慌张,因为之前已经做过准备。他开始播放"录像带",数自己滑水的次数:一、二、三……根据之前的记忆和经验,猜测快到终点的时候做最后的冲刺。他感觉双手碰到了终点池壁,赶紧把泳镜扯下来,抬头看计时板。

计时板上显示：1∶52.03。旁边加注：“世界纪录”。

事后记者问菲尔普斯，“盲游”是什么感觉，他回答：“就跟我想象的一样！”

核磁共振扫描显示，当人专心想象自己在做一件事时，脑部就能模拟出每个动作，简直就像真的做了一次。所以，透过想象的过程并经常“播放脑袋里的录像带”，我们也能够达到演习和逃生训练的部分效果。只要练过一次，都比完全没练过要好很多。

所以，下次当你住进旅馆时，请花一点时间看门后的楼层图，但不要只告诉自己“逃生梯是往左边走的第三个门”。你应该做的是，闭上眼睛，想象自己在漆黑中爬出房间，沿着地板摸索，想象自己摸到每一个门、每一个转角，一直到逃生梯的感觉。当你这么做的时候，大脑就会建立体验般的记忆。

而下次当你坐飞机的时候，试试看一边听着安全须知，一边想象自己戴上氧气面罩、穿上救生衣、从座位走到最近的紧急出口……养成习惯后，你就会开始累积宝贵的经验值，大幅缩短你的反应时间。

即使你住的地方没有逃生演习，也建议你花点时间设想，若地震或火灾发生时，你和家人该怎么办。找出最正确的求生方法，建立一个“想象录像带”，与家人用内心演练的方式想象练习几次，同时请在家里备妥应急装备，不仅仅要准备好，而且要不时拿出来盘点，确保自己能在紧急状况中快速找到它。

　　紧急状况随时会发生，我们无法预测，但这个章节希望告诉各位的，就是"光保持冷静还不够"。人在紧急状况中往往能表现出出奇的冷静，但那只是掩饰自己的慌张，也是一个致命的盲点。

　　不要让自己成为一只面对车灯的鹿，你知道该怎么做了！

别在疲惫的时候反省自己，
没有必要讨好所有人。

方法
3

让情绪
保持距离

M E T H O D   3

2017 年 10 月，在美国犹他大学攻读生物学博士的唐晓琳自金门大桥跳下身亡。自北大地球与空间科学系毕业后留学美国的唐晓琳，课题是难度极高的 RNA 病毒方向。失联前，她曾透露过自己压力巨大，有投河的念头。

唐晓琳失联前不久，曾与父亲有过一次四分钟的通话，极少主动要钱的女儿请求汇来一万美元。唐晓琳没有告诉父亲的是，她正处于重度抑郁，读博读到第七个年头，人已经是临近崩溃。

多少个夜晚辗转难眠，却不知能打电话给谁。

此事件中的女孩令人痛心，令人惋惜。在生活中，我们都曾经遭受过意外的打击，承受过突然来的压力。

在人事交往中仓皇茫然，年纪渐长却没有时间投入个人生活，经济和精力投入巨大，日渐捉襟见肘，既难以向思维不在同一维度的父母诉苦，手头又有日复一日的功课步步紧逼，以至于日渐压抑，沉默寡言，由此恶性循环，直到抑郁爆发。

这就是祸不单行的连环效应。连环效应就像是骨牌。骨牌会全倒，是因为它们的排列，让每一张牌都会承受到上一张牌的力量。但在牌牌相撞的过程当中，我们还是有机会伸出援手，及时阻挡，防止连环效应。

第一步，就是认清自己就是骨牌之一，认清连环效应如何影响我们的思想，进而扰乱我们的心理免疫系统，导致更情绪化的反应。

在这一章，我们来认识"压力"，了解它如何能够在短期帮助我们，但在长期伤害我们。希望你看了这章之后能理解：**即便天塌下来了，你也要先给自己一点空间，因为你就是那张最重要、不可倒下的骨牌！**

那条粉红色的伤疤

一见到安娜，先被她腿上那条粉红色的伤疤吓到了。

"你……怎么了！？"

"唉，吃饭的时候告诉你！最近发生了好多事……"

安娜是我之前合作过多次的音乐家。她从国外著名音乐学院毕业，钢琴弹得非常好，还录制过好几张演奏专辑。过去几年，她都在国外深造，先是在纽约，后来又去了巴黎。我一直以为她是个家境优渥的千金小姐，直到上次跟她聚餐才知道事实并非如此。

"我父亲去世了。"她说，"心肌梗死，走得非常突然。"

可怜的安娜！原来她这次回台湾，是来处理丧事。

"那是我坐过最长的一趟飞机。"她说，"在巴黎接到了消息，连忙赶回台北，一路都没睡。我是独生女，要处理的事很多。我爸没有留下遗嘱，所以按照法律，遗产应该都归我，但有些一辈子都没见过的亲戚，一群我爸那边的长辈们，竟然十几个人联手起来对我控诉。他们在没有任何权利之下，竟然以为人多势众，就可以跟我争财产，实在很让人心寒！"

安娜所形容的情形，之前也有其他朋友遇到过，往往大体还在殡仪馆，家人就在寄送存证信函。丧礼的过程也让安娜很难适应：因为父亲信道教，大体也就按照传统，入土前必须放在家里，每天要烧香诵经。平常穿着时尚的安娜一下飞机，到了家门口就得披上孝麻，一路大声哭着爬进去。

"道士择日三周后才能入土，我每天就跪在那里诵经、折纸莲花……而我根本不是道教徒！"她说，"我中间出门几次，都是去找律师。有一次跟亲戚约谈，他们那边竟然来了十几个人，一字排开，气势凌人。他们大概觉得那样会吓到我，但对于不合理的要求，我绝对不可能答应！他们就气冲冲地走了，但回到家，我还得再以孝女的姿态接待这些亲戚，心里很愤懑！"

某天晚上，身心疲惫的安娜回到楼上房间梳洗。她只记得前一刻还站在浴缸里淋浴，下一刻却趴在地上，怎么摔倒的都不知道。她完全站不起来，大腿一阵剧痛，皮底下还凸出来一块，应该是骨折了！问题是，安娜一丝不挂，全身都还是湿的，硬是忍痛给自己盖上一条浴巾，费了九牛二虎之力打开浴室门，爬到了楼梯口放声大叫，接着就昏过去了。

"很多朋友以为我还在巴黎，其实我已经回来半年了。"安娜苦笑说，"开刀打了钢钉，复健还算顺利。但亲戚那边还在闹，我好困扰又好沮丧……实在是祸不单行的一年啊！"

我们都希望平顺过一生，但人生无常，有时候事情接二连三地来，完全招架不住。

从医学的角度来看，安娜为什么摔倒并不难理解。她很久都没睡好，八成也没吃好，血糖低加上慌神，淋浴的冷热温差也容易造成晕眩。有可能她是昏倒了，也有可能是太累，站着就睡着了，摔倒时才来不及保护自己。

研究显示，连续超过 20 小时不睡觉，人的反应迟缓度就好比喝了 3 杯酒①。这已经到达酒驾的程度了，但有多少人在类似的状态下依然"合法"上路？我们知道的是，台湾人的睡眠明显不足，平均每晚只睡 6 个多小时，排全球第 45 名。这的确是个潜在的安全危机。

大家都知道睡眠要充足，但如果说问题只是出在睡眠，也就太简单了。

连环效应就像是骨牌。骨牌会全倒，是因为它们的排列，让每一张牌都会承受到上一张牌的力量。但在牌牌相撞的过程

---

① 连续 21 小时不睡，反应的迟缓程度就等于 0.08 的血液酒精浓度。

当中，我们还是有机会伸出援手，及时阻挡，防止连环效应。

连环效应会影响我们的思想，进而扰乱我们的心理免疫系统，导致过度情绪化的反应。

在台上忘谱的时候

十岁的我，穿着硬邦邦又不怎么合身的西装，满身是汗，站在后台发抖。

在不远的舞台中间，在一团亮到发白的聚光灯下，一个女孩正坐在钢琴前面，表演一首古典曲目。音符叮咚叮咚地在坐满了观众的演奏厅响出来，每个声音都那么清脆，那么流畅。

老师走过来，但在后台的昏暗中看不清楚他的表情，我抖得更厉害了。

其实，就在几分钟前，是我坐在那团聚光灯下，盯着一排黑白象牙琴键，弹奏着一首莫扎特的奏鸣曲。

那是几乎每个学琴的孩子都练过的曲子，节奏轻快，旋律跳跃，但小小的我还顾不了什么音乐性，纯粹只是想把曲子弹完，不要出错就好。尤其这次的演奏会又不能看谱，平常多用功练习，在台上一听就知道。

我只感觉自己的手指靠着肌肉记忆在琴键上滑动着。台下一片漆黑，但可以感觉观众的眼睛。我心里有一种不安，后悔自己又等到最后两周才认真练习，每次都这样临时抱佛脚，连奶奶都为我紧张了……

突然，有如赛车一转弯，突然发现前面没路，我连续弹错了几个音。

我的天啊！脑袋一片空白。接下来怎么弹？我竟然忘了！

曲子的旋律还在脑海里，我的记忆快速倒带，找到那个出错的转弯处……在那瞬间，一切都变得很安静，琴键好亮，我的脸很热，脑袋很涨。突然我仿佛清晰地看到了琴谱，连老师用红笔圈出来的音符、旁边还写着"放松"两个字都看得见。我直接跳到那个小节的尾端，一个休止符，后面几个半音……

手指赶紧就位，按下了琴键，新的一句响起，听起来是对的，我松了一口气，手指继续飞快地按照程序把曲子给弹完了。

在掌声中，我匆匆忙忙鞠个躬，快步走到阴凉的后台，不断地发抖。

看到老师的脸了，他竟然在微笑。

"刘轩，刚才弹得不错！"他说，"第二段后面出了一点问题，但你很快就救回来了。"

"我忘谱了。"我说。

"但是你没有慌乱，这样很好。"老师说，"有时候忘了谱，越去想就越想不起来。所以你直接跳过那段，从新的一句开始，没有让曲子中断，是正确的决定。以后如果忘得一干二净，宁可深呼吸，从头开始弹也可以，最重要就是不要慌张。"

"老师，我停了很久吗？"

"大概两三秒吧，对曲子不熟的人应该不会发现。其他的部分都弹得很好！"老师说。

听他这么说，我就马上不抖了，全身如释重负，只觉得好亢奋，但也好累。

而且，我真的只有停顿两三秒吗？感觉上好像两三分钟！

假如你想象力丰富的话，在脑袋里重塑下现场，你就会看到十岁的我坐在台上，在忘谱的那刻，我的五脏六腑应该像是在放烟火。

你会看到我藏在大脑深处的"杏仁体"发作，通知旁边的下丘脑，两个像是惊叹号一样亮起来。你会看到我腰部的肾上腺大量释放肾上腺素和一种叫作"皮质醇"的荷尔蒙。你会看到我的心脏加速，血管也随着血压升高而扩张，让更多血液通过。我肺叶的小支气管会像花一样绽开，快速吸收更多的氧气。我的肝脏也转换模式，像跳楼大拍卖一样释放出大量糖分，供应给大肌肉。我全身都热起来，细毛孔也纷纷张开，分泌出一层亮晶晶的汗液。

而如果你能跳进我的脑袋，体会我当下的感受，你会发觉四周变得很亮，因为我的瞳孔放大，但同时，我所注意的范围会变得很小。为了抢救忘谱的危机，我的大脑此时高度集中，专注力像是激光光点一样，思想毫无杂念，连时间都感觉慢了下来。

这就是典型的"打或逃反应"。自古以来，这个本能让我们的祖先逃过洪水和大火，猎捕远比我们强大的野兽，跳出壕沟与敌人凝视，在沙场斩出一条血路。凡是面临生死关头，全身就会透过这一连串的生理反应，增加我们的战斗力。

而当你逃到了安全处、征服了猎物、战胜了敌人时，血液中的皮质醇会快速代谢，你的副交感神经系统会开始踩刹车，让你恢复冷静。同时，血液中的内啡肽加上大脑这时犒赏自己所分泌的多巴胺则让你亢奋，充满活力，还有一种"任务达成"的快感。你会情不自禁地举起双手，像洛奇（拳手名字）一样，对着天高喊"Yes"！

好啦，也许你不会那么激动，但心里面的感受，还是就一个字：爽！

当十岁的我还在后台，亢奋到不断发抖时，老师的一句鼓励"弹得很好！"就立刻增加了我小脑袋里的多巴胺，把我原本紧张的情绪化为险胜的快感。

而即使到了现在，无论是做演讲，演奏钢琴，还是当派对DJ，还是会有当年十岁同样的反应。上台前，我还是会紧张到反胃，但演出结束，听到了掌声时，还是会感到那种身体疲惫但精神亢奋的"爽"。如果有一阵子没有演出，我甚至还会暗自渴望它！

这种战胜压力的"爽"不但会令人开心，还能提升免疫系统效能，增加血液中的睪酮素，让人更有自信，更愿意接受挑战，更充满了法国人所谓的"活着的快乐"。

所以，即使现在我们不会整天被猛兽追杀，但还是会主动给自己设计一些虚拟的紧要关头，像是去球场找人斗阵、参加路跑比赛、坐云霄飞车、看一部恐怖片……而心理学家也大致认同：适当的压力对人有益，只要这个压力是短暂而能够被化解的。

不过，问题就出在这句话的后半段："短暂而能够被化解的。"偏偏在我们生活中，许多压力的来源既不短暂，也很难化解。

例如，你痛恨英文，英文也不喜欢你。期末考还在半年之外，但你现在已经开始担心。要是英文没考好，可能影响你的就学机会，而升学不顺利，根据身边长辈们的恐吓，你就毁了自己的前途。先不管什么是"前途"，光是这么想，就足以让英文变成追杀你的猛兽。

或是，经济不景气，业界又传大批裁员的消息。你刚咬牙付了头款，把积蓄都放在人生第一个小窝。每个月的薪水缴了房贷和生活费后，一毛也不剩。少赚一天钱，就得少吃一天饭。

房贷缴不出来，梦想窝也没了，于是开会时只要主管多看你一眼，你就觉得子弹在飞。

又或是，新闻上又传出神经病当街砍人事件。虽然你知道这种事发生在你身边的概率不高，但只要打开电视就会看到，打开收音机就会听到，打开手机，网上都在讨论。突然这个神经病似乎无所不在，感觉比伊波拉病毒还严重。你有一种莫名的恐慌，搭地铁时绷得好紧，草木皆兵。

这种长期又无形的压力，就跟高空弹跳不一样了。它们每天缠着你，没有解脱。既然不是紧急状况，也没必要出动肾上腺素和内啡肽等"特攻部队"对抗，但大脑还是把它们当作威胁，于是会释出多量的"二军"皮质醇，让身体一直处于备战状态。

身体长期处于备战状态，谁都会累。皮质醇长期过量，会有一些不健康的后果。

这里有十个问题，让你检查自己日常皮质醇是否可能过量。

(1) 你整天没精神，到了该睡觉的时候却精神很好，于是睡不着，隔天起来又没精神。

(2) 你很容易累，即使睡足了八小时也还是一样累。

(3) 你很容易感冒或被身边其他生病的人传染。

(4) 你会莫名想吃一些不健康、高热量的垃圾食物。

(5) 你尽管节食还是增胖，尤其在腰围部位。

(6) 你时常腰酸背痛，也经常头痛。

（7）你时常拉肚子或有食道逆流等消化不良的症状。

（8）你的性欲大减，也觉得自己不性感。

（9）你平常觉得很焦虑，很容易有负面思想。

（10）你以前的脾气很好，但现在很容易被激怒。

超过三项你就应该要注意身体了，超过五项已经算严重。我很惊讶，有多少朋友看了这个清单，竟然觉得自己十项都中。

根据美国心理协会 APA 的调查，每两个美国人之中，就有一位觉得自己每天都有压力，而每四个美国人就有一位觉得自己承受着"高度压力"。我认为，这个数据在台湾绝对有过之而无不及。

皮质醇累积在身体时，会让新陈代谢失衡，就好比车子引擎开着发动机一直空转，很容易烧坏。这会大幅增加各种疾病的风险：

（1）血糖过高和二型糖尿病；

（2）高血压和心血管硬化；

（3）肥胖，尤其在腰围；

（4）睡眠质量不良；

（5）焦虑症和忧郁症。

而且学者发现，长期的皮质醇堆积不但耗损身体机能，甚至还会改造大脑细胞！

你听到骨牌在倒吗

近年来的脑神经研究，证实大脑的可塑性很高，连成人的大脑也会因受到环境的影响而改变。

最近有一连串震惊医学界的研究，证明长期的皮质醇累积，会造成海马体萎缩。海马体主导学习、记忆和情绪控制的功能。

皮质醇也会使内侧前额叶皮层萎缩，而这个部分则是我们用来做决定、做计划、理性克制的"自律中心"。

但同时，皮质醇却会让杏仁体变大，而杏仁体的功能则是储存"高度情绪化"的记忆，并主导情绪化的反应。

这些效果加起来，让人比较难以控制自己的情绪，变得更不理智，更容易有情绪化的反应。

于是，原本不该说的气话，你说了。

原本不该做的冲动决定，你做了。

原本没什么关系的一件小事，变成大事了。

你听到骨牌在倒吗？这才是真正的连环效应！

你现在知道了，原来我们有这么多"文明病"，都可能是皮质醇在捣乱。

当然，接下来的问题就是：我们要如何降低皮质醇呢？以下有四个建议。

睡眠充足。 当你只睡六小时，血液里的皮质醇含量会是睡足八小时的一倍！即使你觉得自己不需要那么多睡眠，累的时候最好还是小歇一会儿，哪怕十几分钟也好。短暂的午觉也能有效降低皮质醇的累积。

少吃淀粉。 吃淀粉容易造成血糖不稳定，增加身体的负担。偏偏压力大的时候，我们更想暴饮暴食，尤其是甜食。你必须抗拒这个冲动！多吃坚果、蔬菜、瘦肉，以多餐少量为原则，并以水果代替甜食。补充 Omega-3、维生素 C 和维生素 B 群也有帮助。

适量运动。 一周运动 3—5 次，就能有效控制皮质醇的影响。运动不需要高强度，但重点是要持之以恒。每天快走几分钟，远比一周一次的激烈运动效果更好。而且每天持续运动算是"关键性好习惯"，有办法导致更多好习惯产生，绝对是一个值得的自我要求！

嚼口香糖。 实验显示，在承受压力的状况下，嚼口香糖竟然能降低血液的皮质醇高达 12%！这可能是因为咀嚼动作促进头部血液循环，也可能因为动物吃东西的时候比较开心，所以咀嚼的动作有可能让大脑误以为自己在进食，所以会放轻松。下次你觉得压力大，不妨试试看，即使只有一点效果也是好的，况且那么简单！

在生活中，我们都曾经遭受过意外的打击，承受过突然来的压力。

压力能够激发斗志，但如果问题无法一时解决，一直挂在心上，持续的压力反而会成为绊脚石。

我希望以上的解说，能让你意识到"祸不单行"的连环效应，其实有很大一部分存在于我们自己的身心反应。我们虽然是受害者，但也可能无意间成为骨牌的推手。

要预防祸不单行，你必须要给自己一点空间，让事情归事情，尽量让情绪保持距离。当你觉得自己的压力大到快失控的时候，也许可以静坐片刻，观察你身体的反应，感受那些肾上腺素、内啡肽、皮质醇在身体里乱窜的感受。

虽然不舒服，但你可以告诉自己："这就是一群荷尔蒙在作祟，不应该影响我的灵魂。"如果你能认清自己的身体是个机器，并理解这个机器在压力下会有正常反应时，你就能开始接受这种感觉，并学会控制它。

当全身都在备战时，你可能觉得"我非得赶紧处理问题"，但这时候你反而要更注意作息。该吃饭的时候吃饭，该睡觉的时候睡觉，每天做一些运动，即使睡不着也要让自己休息。唯有让生活正常，你才能降低皮质醇，让脑袋清楚一点，才更有效率。

据说丘吉尔每天都会睡午觉，连在第二次世界大战期间也坚持不改变习惯。听起来虽然很自私，但换个角度想，如果他的脑袋不清楚，又怎么能计划战略，率领英国全民呢？

台湾人说"吃饭皇帝大"，我认为睡觉也皇帝大。当压力大的时候，给自己和身边的家人一点休息和放松的空间，也许能避免许多不必要的情绪冲突。

你就是那张最重要、不可倒下的骨牌

我最近又跟安娜联络，她人在纽约，听起来精神很好，甚至可以说，比事情发生之前还更好。

她对我坦诚，曾经跟父亲的关系不好，而这也成了她的压力。她父亲会这么早走，主要也是因为生活压力和酗酒的毛病。Anna 发现自己不能把遗憾当重担，让过去捆绑她的未来。她想通了：不要让自己被这些不幸一直缠着！遗产的官司，她就交给律师处理，远离那些亲戚所带来的负能量。反正她的遗产权合法，该是她的就会是她的。

"我确实相信，一切事情的发生，都有它的意义，都是一种安排。我学到了接纳，不要抵抗。当我们抵抗时，这些事情会在心里形成超级负面的能量。接纳反而带来平静，一种更有力量的平静。当心变得强壮，就很难会有什么能伤到我们。"她说。

恭喜安娜，走出了负面情绪，从自己的改变开始，阻挡了祸不单行的连环效应。

所以，下次当你祸不单行、仿佛四面楚歌时，先深吸一口气，把自己稳住！

在皮质醇萎缩你的前额发际线之前，快点找个方法放松吧！

记住：你就是那张最重要、不可倒下的骨牌。

自称有道德的人，
不一定真的有道德。

方法

4

_____

学会问
"为什么"

据新闻报道,北京张女士接到一自称"中国电信"工作人员打来的电话，称其欠费2000多元。张女士则坚持没有欠费。但对方则告知她个人信息可能被盗用,并给了她"警方电话"，一步步连环设套诈骗张女士1000多万元。

　　经过北京警方长达50余天的侦查，这个北京特大"电信"诈骗案5名来自台湾的犯罪嫌疑人已被押解回京。赃款大部分被犯罪嫌疑人转到了境外,另外一部分被从ATM机提走。

当我们想到"骗子"，会马上联想到"花言巧语"，因为理所当然那些会说话、反应快的人，才有机会把一般人蒙骗，不是吗？

但当我访问了专门办理诈骗案件的警员，才知道原来最常见的诈骗手法竟然是"仿冒权威"。

权威会使人盲从，在 20 世纪 60 年代的经典实验中就被证实。我们明明知道不是所有的权威都是真正的权威，但连高级知识分子碰上"权威的符号"也会失去判断力，智商顿时掉个10 点。

其实我们在这章会发现，**只要仿冒的权威够大，什么都能骗，就连巴黎铁塔都能卖！**

怎么就那么执迷不悟

在台北市松烟文创园区旁，隔着一排树丛和高耸的围墙，是一栋庞大的政府机关建筑。它肃静又低调，进出的人不多，路过的旅客八成不会注意到它，也一辈子不需要走进那里。那就是"警政署刑事警察局"，是统领台湾地区刑事警察人员的单位。除非是来办案，不然闲人勿进。

但在某一天下午，我手上备着证件，有点忐忑地通过警卫检查，走上台阶进入那铺着花岗岩地面的大厅，与我之前在电话上联络到的警官会面。

坦白说，我还蛮惊讶这位警官那么爽快地答应了我的访问要求，毕竟我不是记者，也没有透过高层的介绍，只在"刑事警察局"的网站上找到电话号码，直接打去找"防诈骗倡导小组"，就很容易联络上了。

警官本人也不是我想象的结实魁梧带一点江湖味那样，而比较像是大学校园里会遇见的研究生，白净斯文，为人客气，连握手都很温柔。他直接带我穿过大厅，坐电梯到五楼的办公室。

自从 2004 年成立以来，"刑事警察局"的"165 反诈骗咨询专线"已经成功拦阻实时被害案 8500 多件、拦阻金额 8.7 亿多元，上周才侦破了一个横跨中国台湾、马来西亚和中国大陆的欺诈集团，算是绩效相当高的单位。我原来以为那会是一个高科技指挥中心，充满各种仪器和整面的电视墙，但倡导组的办公室比一个杂志的编辑部还小，一排排老式的 OA 办公桌隔间，一摞摞书和文件。唯有走进组长办公室，看到矮茶桌和琳琅满目的茶具，才有一种又到了警局的感觉。

"来来来，请喝茶。"有如军师般帅气的股长前来接待，还很客气地帮我沏茶，令我有点不好意思。茶叶很好，一个多小时的访谈中股长将茶一泡再泡，茶汤还是很香。

我访问的目的，就是想了解受害者为什么会上当。毕竟新闻一天到晚都在报道诈骗案件，警方也大力宣传防诈骗，使用 ATM 时也会看到小心诈骗的叮咛，处处都有关卡，民众也比较小心了，为何骗子还会经常得逞呢？

警官立刻开始切入正题，显然事先做好了准备。

"台湾目前案件数最多的是网络交易诈骗，但财损最高的是假冒公务机关的电话诈骗。"

实在没想到，现在假冒公务员还行得通？

"是的，多半受骗的都是年长者，他们一辈子过得清白，没触碰过刑事法律，连派出所都没去过，这种人最容易受骗。"

"他们的家人知道了不会阻止吗？"

"家人根本不知道！很多受害者都不敢说，甚至到了银行提款的时候，也不跟柜台说。银行觉得不对劲时通知我们到场，很多人还是坚持不讲，甚至还编说'这是给我女儿的钱'之类的借口。我们还碰过有人在银行硬是被我们劝阻，回家之后再偷偷跑出来，用 ATM 提款交给诈骗者的！"

啥？怎么会有人这么执迷不悟，难道被下迷魂药了？

"我们也觉得很不可思议，但有些受害者就会这样。即使证据都很明显，他们还是选择相信电话里的假警官！"

这种现象实在太惊人了，远超乎我的想象。在开始研究前，我以为诈骗集团能成功是话术厉害，或是运用一些技术漏洞。但事实上，诈骗者运用的是自古以来就常见的心理盲点。分别看来，它们好像不算什么，但加起来并以一个特定的顺序出招，则足以让许多理性、谨慎的良民上当。

一旦摸清楚了，我发现同样的招数也出现在各种不同的领域，从医院到办公室，同样的心理盲点也很容易让人失去理智，甚至被卖了还在帮人数钞票！

那么对于"骗局三部曲"，如何防止自己喝下这碗迷魂汤，就显得至关重要。

你是个多狠心的老师

　　想象你某天看到一则广告：耶鲁大学征求志愿者参加一个记忆相关的心理实验。看起来还挺有趣的。实验当天，你到耶鲁大学报到，出来接见你的是一位身着灰白长袍、拿着记事板的学者。他介绍另一位是跟你一样报名参加的受试者，大家握手认识后，学者说你们两人将一起进行实验，一个人当老师，另一位当学生。

　　你抽签抽到了"老师"。当学生的另一位则被请到隔壁的房间。你们看不到彼此，但可以透过对讲机沟通。

　　学者说：这个实验要看"体罚"对记忆的影响。他先给你一连串英文单词，要你一个个念给学生听，然后透过对讲机进行考试。如果学生答错，你就要"电"他一下，当作惩罚。在你面前有个控制面板，上面有许多小开关，每个标示着电击强度。学者先用最低的剂量让你体验一下被电的感觉，还真的有点刺痛。你心想："还好学生不是我！"

实验开始了。起初，这个学生还表现不错，偶尔答错被你电了一下，也还能一笑置之。但随着电击的强度逐渐提升（每次学生答错，电流就要增加 15 伏特），学生明显紧张了。被 90 伏特电到的时候，他忍不住叫出来了。到了 120 伏特，他说："这实在很痛！"这个痛感显然没有增强学生的记忆，因为他继续答错。被你用 150 伏特电到之后，学生大叫："够了！我不玩了！放我出去！"

这时候，你问旁边的学者是否能结束实验，但学者只对你说："请继续。"

你继续出题，但学生已经脑袋空白了，几乎每题都答错，你也就得用 165、180、195 伏特的电流继续电他。他开始踢墙壁，大声喊救命，还说他患有心脏病，但旁边的学者始终冷冷地说："这是一个实验，你必须继续。"

到了 300 伏特，学生已经没有反应了。你虽然念了题目，但对讲机另一端没有任何声音。学者告诉你："不回答，也算是答错，请继续！"

315 伏特的电流，你按得下去吗？

当然你不会，其实早就会停了，对不对？

那如果是别人呢？在 100 次实验当中，你觉得几个"老师"会一直持续电击答错的学生，一直到最高的 450 伏特？

你可以先在这里写下你的答案：＿＿＿＿＿＿＿＿

以上我所形容的，是心理学最著名、也最有争议性的实验之一，于 1961 年进行。按照现在的学术道德标准，这位教授史坦利·米尔格伦应该会被耶鲁大学开除，因为对人造成的创伤实在太大了！

而且，这个实验本身就是个幌子：它测试的根本不是记忆，而是人在权威指使的情况下，会多么听话。

其实，扮演学生的人是个演员。抽签时，他永远会是学生，所有真正参加实验的受试者都会是老师。所有学生被电击的反应，也都是演出来的，他其实毫发无伤，实验结束之后也会出来跟教授一起向老师澄清这场恶作剧。

重点是，当旁边监督的"权威"（也就是身着长袍的学者）命令老师"请继续"，虽然这位学生已经明确表示自己很不舒服，要停止实验的时候，有多少人会一直按到 450 伏特呢？请记住，在 300 伏特后，学生就已经完全没有反应了，而且之前也说过有"心脏问题"，所以老师还得继续电击这位可能早已经昏过去的学生至少 9 次。

这个答案让教授都难以相信：65% 的"老师"都会一路电到 450 伏特！

请问，跟你当初的估计是否差很远呢？史坦利·米尔格伦在实验进行前，也曾经先把这个问题丢给耶鲁大学的心理系学生，他们估计在 100 个人当中，最多只会有 3 个"变态"会一路把学生电到昏过去。

有些人会觉得这个研究证明了"人性本恶"，但这并不正确。实验记录显示，这些"老师"在电击学生时都非常焦虑，开始冒汗、发抖、咬嘴唇、说话结巴，有些还会用力掐自己的肉，显然自己也很受罪。真正可怜的不是学生，而是这些不知情的老师们！

而这种服从，也不能说是因为实验者受到了暴力威胁。根据研究规定，如果"老师"表示想停，身穿长袍的"学者"只有四句台词可以用，而且都要不带情绪地说："请继续""实验需要你继续""你绝对必须要继续""你别无选择，必须继续"。如果在这四次回复之后，老师还是坚持要停下来，那实验则会立即终止。

那会不会是因为以前的美国人比较听话，或是因为到了耶鲁大学，受到高等学府的光环影响？也不是。这么多年来，同样的实验设计被执行过上千次，结果统计一看，还是一样：61%到 66% 的人会听从权威，不分性别、年代或地点。

换句话来说，只要在权威的一声命令之下，大部分的人都会很听话，盲目随从到害死人！

但光是一个身着白袍的"学者"，就有这么大的权威吗？

不仅如此！当穿白袍的是位医生时，权威更大。

心理学家罗伯特·B. 西奥迪尼在《影响力——说服的心理学》

这本书里，就讲到一个很荒唐的真实故事。

有一个病人耳朵痛，去医院就诊，医师开了处方，请护士协助用药。

处方上写着"Place in R ear"，也就是"把药水滴入右侧的耳内"。

结果护士看错了，以为"R ear"是一个字（英文 rear 就是"后侧"），于是就叫病人把裤子脱下，把药水灌到病人的屁股里。

夸张的是，护士明明知道药水是耳朵用的，却还这么做，而病人竟然也没抗议！

你只要问问身边从事医护工作的朋友们，这种乌龙事件在医院还挺常发生的。

美国有三大医院曾经联合进行了一个测验：

一个演员打电话到医院的护理站，谎称自己是"某某主治医师"，叫护士立刻去给某一位病房里的病患注射 20 毫克的某药水。但问题是：(1) 这个护士从来没见过这位"医生"；(2) 医院绝不允许"电话处方"；(3) 某药水是尚未通过检验的药，不能随便注射；(4) 使用剂量过高，药物须知上就写得很清楚。

结果你猜猜看，多少护士接了电话之后，就毫不犹豫地去拿药，准备去给病患注射？

95%！几乎所有的护士，无论多么资深，或是在什么专科，接到一通自称是医师的电话，竟然就会盲目随从，完全忽视医院的规定和自己所受过的训练，去做一件很可能把人给害死的事！①

这多可怕！又想想，我们多少次听到"医生说"就乖乖服从，无论是吃一些奇怪的药，改变饮食作息，甚或是开刀？我们有真正问清楚那些药是什么，为什么一定要开刀吗？又有多少时候，网络上某篇"医生说"的健康信息，也在未查证的状态下就被我们广为传阅，就凭它是"某医生说"？

我们见到了白袍就会听话，连听到了白袍也会听话，那电话中的人只要听起来像是权威，很多人也就会相信而跟着配合。

> 人容易走思维捷径。他们也许知道自己本不应泄露某些信息，但对待人冷漠、表现无知，或是对权威人物的畏惧情绪——所有这些都是诱因，能为社会工程师所用，说服一个人无视已经建立起的安全程序。
>
> ——计算机神童、黑客大王　凯文·米特尼克

---

① 护士们拿了药之后，在前往病房的路上便会被研究人员拦截，这时才会被告知研究的真相。

等不来的电话

现在你知道了人们会听从权威的盲点，让我们回到"刑事警察局"。

警官形容了一个典型的"冒充公务员"的诈骗过程：诈骗者打电话给受害者说："我是警政署刑事局的某某警官，你的银行账户有问题，涉及洗钱刑事案件，需要跟你核对一些个人资料。"

这时候如果受害者语气慌乱，那诈骗成功率就会很高。警官说，许多老一辈台湾人经过戒严时期，对警察本来就很敬畏，再加上自己是安守本分的良民，听到警察打来已经吓傻了，这时会主动提供个人资料以便"核对"。

接着，这位假警官便会说："现在有犯罪集团盗用人头账户。看来你是个无辜的受害者，我会协助还你清白，但要先慎重告诉你，在侦查过程中，你不能跟任何其他人揭露案情，因为这是机密案件，侦查要保密。你听过'侦查不公开'的原则吧？如果你涉嫌串供，要付出重大刑责喔！"

这个时候，诈骗集团运用了另外一个心理盲点：要人服从你的要求，你往往只需要给一个原因，无论那个原因多不合理。

哈佛心理系教授埃伦·兰格曾经做过这么一个实验：在忙碌的图书馆，当一群人正在等着用复印机的时候，她如果问："不好意思，我这里有 5 页要影印，可以先用复印机吗？"60% 的人会让她插队。

如果她这么问："不好意思，我这里有 5 页要影印，可以先用复印机吗？因为我在赶时间。"这时，94% 的人都会答应。

奇怪的是，当她给一个不是理由的理由："不好意思，我这里有 5 页要影印，可以先用复印机吗？因为我要影印。"这时几乎所有的人（93%）都会答应。

想想，"我可以用复印机吗？因为我要影印。"就好像跟人家说："我可以插队吗？因为我要插队。"多莫名其妙啊！但大部分的人只要听到一个理由就会愿意答应，无论理由合不合逻辑。

其实，台湾的确有"侦查不公开"这样的规定，但完全不适用于这种状况。况且，警察是不能透过电话搜证或进行笔录的，但一般民众缺乏这方面的法律常识，听到一堆很厉害的术语，也就会乖乖配合。难怪许多受害者始终不跟身边的亲友说，其实是因为害怕连累他们！这么一来，诈骗集团已经顺利把受害者"隔离"，可以任他们屠宰了。

假警官这时会跟受害者说："不用担心，我相信你是无辜的，我会尽量帮助你，但是你要配合。你现在去把银行户头里面的钱，都先转到我们侦查小组的安全账户保管。然后我们会监控你的账户，找出不法的金钱源头之后就可以结案了，那之后你的账户和里面的钱就可以安全归还给你。"

于是，受害人便会去银行办理转账，或提领现款后，交给身穿假公署人员制服的诈骗者，然后默默等待检察官打电话来"还他清白"。当然，这通电话永远不会打来，钱也就再也拿不回来了。

诈骗集团运用了三个心理招数，让人自愿把账户里的钱全部交给陌生人。

（1）报出侦查公务员的身份，以"权威"吓受害者，制造慌乱的情绪。

（2）用一些听起来很厉害，但其实是没有根据的术语，把受害者"隔离"，让他不敢（或来不及）求证。

（3）从黑脸换成白脸，让受害者感到一丝希望，以"让我帮你解决这个问题"的友善态度，加深受害者对他的信任感，把钱骗到手。

经过了这三部曲，有不少人汇款后还在电话中感谢这位警官的耐心协助，甚至当亲友得知而前来劝阻时，仍然会执迷不悟，根本就是被卖了还在帮人家数钞票！

在这里，我也补充一个有趣的插曲：当年史坦利·米尔格伦做了许多不同版本的实验，其中有一个版本有两个"学者"同时陪在"老师"旁边。当学生喊着要终止实验时，一个学者说："请继续！"但另一位学者则说："不要继续！"两个权威竟然彼此矛盾，老师只能来回看来看去，企图分辨谁的权威比较大。如果实在难以决定，大部分的人还是会选择停。

不过这个实验结果，或许能让我们理解为什么有些诈骗受害者即使被警察劝阻，却还是会选择相信电话里的骗子：因为人家说不定自称是检察官，比警察权威大多了！

其实我们发现，只要胆子够大，什么都能骗。下面这段真实的传奇诈骗故事，简直到了"瞒天过海"的境界。

卖掉巴黎铁塔的诈骗王

1925 年，法国的几家铸铁工厂收到了一封来自"巴黎邮政和电信服务总局"的公函，邀请他们到巴黎某高级餐厅参加一场重要会议。老板们纷纷赶来，当然很好奇是怎么一回事。召开会议的副局长维克多·拉斯体格是一名谈吐优雅的绅士，与几位老板们先享用美酒佳肴，相谈甚欢之后，他透露了这次会议的目的：市政府已经决定要拆除巴黎铁塔，将会有 7000 多吨的废铁需要回收。目前消息还不能公开，但副局长想先让这几家铸铁公司知道消息，以竞标方式决定谁能获得这笔大生意。

在当年，拆除巴黎铁塔不是一个荒谬的想法。在 1889 年为世界博览会建立时，巴黎市政府原本只批准了 20 年的建筑许可，许多当时的巴黎市民其实很不喜欢这个铁塔，甚至还联署要求政府把这个"没用又难看的庞然大物"赶紧拆掉，后来是因为铁塔有助于传送电报和广播讯号才被一直保留下来。

所以，当"邮政和电信服务总局副局长"亲自说巴黎铁塔即将拆除时，这些老板们都纷纷相信而踊跃投标。其中有一位刚入行的生意人安德利·普阿松，觉得这笔生意会让他在业界名声大噪，于是不惜代价想出高标。但普阿松的妻子不放心，觉得整个秘密竞标过程有点可疑，要求维克多·拉斯体格向他们解释清楚。这时，维克多·拉斯体格叹口气，"坦承"自己只是个公务员，薪水根本不够养家，所以希望以"低调"的方式让志同道合的朋友能够顺利得标，创造双赢。换句话来说，他暗示自己是愿意收红包的。

这个完全歪理的解释，不仅没有让普拉松和他妻子立刻报警，反而听了大喜，觉得这笔生意有搞头。他们赶紧包了个大红包给维克多·拉斯体格，以相当于现在 100 万美元的金额"顺利得标"。当然，这是一个豪华大骗局。维克多·拉斯体格根本不是政府官员，只是个胆子很大的骗子。钱到手不超过一个小时，他就离开巴黎了。

更扯的是，安德利·普阿松被骗了这么大一笔钱，竟然没有报警，可能因为怕自己成为业界的大笑话。而维克多·拉斯体格竟然半年后又返回巴黎，试图用同样的诈术再骗一轮！不过这次他并未得逞，后来在美国被捕坐牢。

以假权威唬人，给一些不是理由的理由，让对方觉得自己是站在同一边的朋友……这诈骗三部曲还真好用！

不假思索地尊重权威是真理的最大敌人

当然，你不会愚蠢到买下巴黎铁塔。有一些基本法律常识，也不容易中这种冒充公务员的骗局。

不过社会上，还是有不少人运用这个心理盲点三部曲，操弄我们的心情，换取我们的信任，设计我们于不利之地，甚至直接骗走我们的积蓄。

我分享几个读者提供的故事：

"有一段时间，我家房子频频漏水，怎么修都修不好。某天我妈妈在路上碰到一个修理工，告知我家的情形，应该是他太有口才了吧！只记得，莫名其妙的一个陌生人来到我家，说来解救我家痛苦的房漏问题。陈述后，我竟也不知怎的，当下就觉得碰到了救星，立马跟着这个陌生人去到提款机前，提出近一个月的薪水，以支付那些他得先垫付的一大笔材料预付款。荒谬的是，待他临走时，我还千谢万谢那个从此再也没出现的抓漏救星！"

"我刚念完书回国时，受聘进入一家公司，部门主管很照顾我，叫我一定要小心几位同事，因为他们不喜欢像我这种国外回来的空降部队，所以有什么问题要跟她说，她会帮我处理。我在公司战战兢兢，没事不会跟同事来往，还常跟主管抱怨同事的工作状况。后来我才发现，原来是主管刻意制造同事间的矛盾，让大家都主动向她打小报告。离职之后某天巧遇以前的同事，聊开来才发现，原来那几个我一直以为有敌意的人，反而才是最挺我的人！"

"我之前帮我妈报名一个健检中心，看起来很厉害也蛮有名，重点是费用不贵，才几千块就可以做全身检查。可是她后来在那里花了好几万，因为那里的医生说她检查出来有这个那个一大堆问题，要吃保健品，刚好他们那里都有卖。后来我带我妈去大医院，医生说那些指数其实没那么严重，没事不需要吃那些保健品，但钱都已经花下去了，拿去退也不好意思。"

以上几个例子，无论是用权威姿态让你信服，还是提供各种术语和理由拉拢距离让你觉得受到照顾，原理都是一样。或许不足以构成诈骗（除了假抓漏的例子），但这种情况处处可见。善意看待，它们可以说是很有效的推销手法。或许你因此买了些不必要的保单，投资了一些不认识的金融产品，吃了一些昂贵的药材，但起码我们还可以告诉自己，对方还是为了我们好，顶多下次不要被占便宜了。但这毕竟是每个人都有的心理盲点，我们要如何保护自己，避免冤枉上当呢？

1. 找一个有公信力的单位求证

自成立十余年以来，台湾"165 反诈骗咨询专线"已经接过了 632 万通电话，受理了 11 万余诈骗案件，但竟然还是有许多民众不知道它。很多人自己接到诈骗集团的电话时，因为心里过于慌乱，一时也想不到可以打去哪里，而且狡猾的骗子也会叫被害人不要断线，以免被害人去打别的电话，或者提供另一个"查证专线号码"，但打过去根本就是诈骗集团在接。165 专线的警官告诉我，接到任何可疑的来电，最简单方便的方法就是请对方留下联络方式，然后立刻打电话到 165 反诈骗咨询专线求证。如果还是不放心，也可以随时去附近的派出所报案。诈骗集团虽然神通广大，但起码在台湾还不敢盖一间假的派出所来骗人。

2. 注意自己遇见权威时的反应

"我们其实都会比较信任穿制服的人，也会听权威的话，这是我们人类建立社会的基础。"斯坦利·米尔格拉姆当年对于骇人的实验结果，也给予这样的宽容解释。确实，一旦受过伤害，许多人可能会对权威起疑，甚至排斥或敌对。这种状况也很容易导致误会和冲突。不可否认的是，当一个陌生人以某种公职或权威的角色与我们交涉时，我们很难不受到影响。这时，我们应该多留意自己的心理反应。如果你觉得隐约不安，问自己"为什么"，如果你觉得对方过于强势，也停下来感受一下自己的反应；你会因为对方气势凌人，而不自主地答应他的要求吗？如果是的话，你可以喊停，先确保自己的个人权益再说。

3. 问自己"他真的是这方面的权威吗？"

近年来医美盛行，四处都是医美和营养师诊所，每个医生的学历都看起来很厉害，但有许多消费者手术出了状况后，才发现自己找到的医生根本没有多少医美相关的经验。他们不一定是骗子，但也绝对不是权威。现在有这么多网络搜寻工具，消费者能够也应该多做些功课，查清楚专家的专业程度和条件，也不要轻易相信自称"权威"的人士，即使他们上过媒体。你应该问自己的问题是：他们所给的专业建议，是否有利可图？如果你需要多一点资料做评估，或要求他们给一些其他的选择，他们是否乐意提供？如果他们表示不悦，那你就应该走人，因为那八成不是可信的专家，而只是多了个文凭的销售员。

4. 如果心里有任何疑问，就继续问"为什么"

我发现这是一个很好用的技巧：一来可以拖延，让你多一点时间思考；二来，在持续追问的过程中，有可能获得一些额外的消息。我有个朋友就一直追问银行专员各种投资相关的问题（她真的原本毫无概念），直到后来那位理财专家不但供出自己的业绩抽成，还提供我朋友几个挑选金融产品的秘诀。我这位朋友不但没有做不必要的投资，还免费上了一课，光是凭着她"打破砂锅问到底"的好奇心。对于医生、律师、会计师、算命老师，都不妨多问一些问题，让自己长知识，也帮助自己未来能做更聪明的判断。

不假思索地尊重权威是真理的最大敌人。

——爱因斯坦

不要被大多数人的判断所迷惑，
做出错误的判断。

方法

5

给自己一点
时间

M E T H O D 　 5

据新闻报道，2018 年 10 月 15 日，记者从武汉警方获悉，一枚批量发行、售价仅 5 毛的普通邮票，竟在收藏品交易平台上炒到 580 元，价格到达高位后又反常地快速跌价，许多投资者都赔得血本无归。

　　武汉经济技术开发区警方经过一年时间的侦查，最终挖出了一个制作虚假交易平台、自买自卖操纵价格诈骗投资者的犯罪团伙。11 日，随着最后 3 名潜逃尼泊尔的嫌疑人被劝返回国，这起涉案金额 7000 余万元的诈骗案业已告破。警方共冻结涉案资金 1200 余万元，查封房产 4 处、高档轿车 3 辆；制作的案卷材料堆起来高达 1.5 米，该团伙的诈骗手法也被警方一一揭露。

华尔街有句谚语：**"全球的金融市场，就只有两种动力在驱使：贪婪和恐惧。"**

　　骗局也有一样的特征。虽然这邮票事件令人咋舌，但事实上，这种案件多得是，手法也都差不多：一开始只要你一点点不痛不痒的付出，但随着你跟对方交涉，投入越来越多的时间，原本一个虚无缥缈的"投资"竟然对你愈来愈重要。诈骗集团层层实施，一步步放长线，加起来并以一个特定的顺序出招，巧妙地玩弄人的得失心，往往能钓到大鱼。

　　人什么时候最需要小心？就是临门一脚，势在必得的时候，因为那个时候得失心最重，也最不理智。在这一章，我们来认识这个盲点，并学几个能够对付它的心理招数。

尼日利亚419

某天，助理跟我说：

"我在领英（Linkedin，一个给专业人士使用的社群网站）收到了一封英文信，来自一位英国理财专员。她说有一位华裔客户车祸身亡，当地没有任何亲戚，也没有联络方式，只知道他跟我同姓，并在领英与我联系。这人留下了一笔庞大遗产（大约400多万英镑），'理专'则希望我可以'充当'这个人的亲戚继承这笔遗产，并让她抽成。"

我听到了便大喊："哇！原来尼日利亚419也移到领英上了啊！"

看见助理一头雾水，我才发觉这个骗局在台湾可能还不算盛行。不过在美国，几乎每个有E-mail账号的人，八成都曾经收过类似的信件。

这个骗局源于尼日利亚，于是叫"尼日利亚419"（419是尼日利亚当地对于诈骗的法规条款编号），但现在全世界任何国家都可能发生，也有无数个不同的版本，设局的方式都很类似。

一位素昧平生的银行专员或律师写信给你，说手上有笔巨款需要处理，因为某种机缘巧合而找到了你，希望你可以协助他"继承 / 处理"这笔巨款。款项会全额汇进你的个人户头，在你收到款项之后只要分一部分抽成给对方就好。

这笔"需要处理的巨款"是好几百万，甚至上千万美元，对一般老百姓来说都是天文数字。这时候如果你回信跟对方联络，他会开始密切跟你合作把这笔钱过到你名下，还会请律师写信，找法律证人，甚至还端出当地政府官员出公文要你签收。整个过程有时候会拖到好几个星期，而在参与过程中，许多人就越来越相信这笔钱真的要汇进来了。

然后，问题就会开始陆续出现。就当钱要入账时，发现需要缴纳"印花税"，需要先缴几千块。你想，几千块跟一千万美元比起来根本九牛一毛，就先垫付了。然后，突然某官员又因为反洗钱法而把案件扣下来，需要一两万跟他"疏通"……

总而言之，问题就会越来越多，越来越复杂。每次钱看来就即将到手，连支票复印件都收到了，但就又有一个小状况发生，需要先垫一点钱来处理，但你心想，后面有那么大一笔偏财，我怎么能轻易放弃这个机会呢？

于是，许多受害人就一付再付，户头慢慢被榨干。

更可怕的是，有些执迷不悟的受害者进一步联络，还会受对方邀请，亲自飞去尼日利亚与"官员"碰面。这时他们很可能会被暴力勒索，甚至被杀害。1999年，有一名在挪威的知名企业家，就这么一路被骗到非洲，后来被绑架并撕票。

这个骗局在台湾还未盛行，可能因为大众的英语程度有限，但学中文的人越来越多，说不定哪一天你也会收到尼日利亚人写来的中文信件。以前这个骗局都是用邮寄和传真进行，但现在 E-mail 那么方便，诈骗集团可以轻易扩大规模，甚至运用 Linkedin 这样的平台。这个诈骗手法就更高明，因为不仅有照片、连 Linkedin 显示的朋友、各自的工作领域、职称经历都十分逼真。根据相关资料显示，光是在 2013 年，这种 419 骗局就造成了 127 亿美元的损失。

虽然我认为各位明眼的读者不会被这么荒诞的骗局骗到，但其实这个骗局之所以如此成功，是因为它操弄了人的几个心理盲点，而这些盲点也可以被有心人运用在日常生活中，让我们不知不觉上钩，做出一开始并不愿意做的事情。我们也可能因为同样的盲点，使自己卡在不幸的状况里而无法自拔。在这一章中，我将教你认清这些人人都有的心理障碍，并教你如何帮自己解围。

再飞一次，你就能到三万里程

1934 年，美国心理学家克拉克·赫尔在做老鼠跑迷宫的实验时，发现老鼠越靠近终点就跑得越快。原本以为是因为终点的食物，但后来赫尔把食物拿走后发现，光是看见终点也会让老鼠跑得更快。他把这个现象写入研究报告，称之为"目标渐近效应"(goal gradient effect)。

人也是一样，越靠近目标，就越有动力跑完迷宫……OK，或许不是迷宫，但赛跑也是。当终点就在眼前时，选手都会使尽浑身力气做最后的冲刺。

我自己第一次跑马拉松时也对自己很惊讶，当终点就在眼前，原本已经腿酸到快断了，不晓得哪里突然冒出来一股力量，让我能用跑百米的速度冲过终点线。如果那时候有人跳出来挡路，我可能会直接撞倒他！

"目标渐近效应"是行为心理学的重要发现之一。公司时常运用这个原理做促销。

例如，航空公司会来信提醒："再飞一次，你就能到三万里程，可以换一张来回机票啦！"

它也可以是很有效的运动训练方式，例如当教练说："只要再跑两圈，你就会突破个人纪录了！"

研究也显示，在慈善活动中，当募款金额很接近目标的时候，大众会越发踊跃捐款。

但"目标渐近效应"也有一个隐藏的危机：让我们"见猎心喜"时，也很容易心急因而变得比较不理智，甚至会为了那"临门一脚"而付出较高的代价。路途越长，过程越辛苦，之前付出的代价越高，靠近终点时的"目标渐近效应"也就越强。

假设你今天参加马拉松，经过了三个多小时的折磨和奋斗，终于到了最后 100 米，看见终点就在眼前，你开心又振奋，加快脚步正要做最后的冲刺时，突然有人冒出来说："嘿！你愿意跑完后，捐 500 元给我们主办单位的护栏基金吗？"

"啥？！呃……好啦好啦！"你答应捐款，赛后才想："什么是护栏基金啊？"当然没有护栏基金会啦，那是蒙人的！

虽然我相信没有任何路跑单位会那么瞎，但再想想，有多少次我们会愿意多做许多牺牲，就是因为目标就在眼前，不想要功亏一篑呢？

我们都很会做损益评估吗

有一次我在浏览财经网站时，看到了一篇有关矿物投资的报道。这篇报道将近上万字，巨细靡遗地分析了产业概论，以及某些稀土对电子产业的重要性，等等。我花了快一个小时的时间看这篇文章，直到最后，报道的结论提到现今最被低估、也最有获利空间的稀土……这时突然冒出一个广告视窗："您已达到阅读限制，请加入会员，便可获得我们完整的报告，另外附赠一年的产业分析，还有王牌投资者的秘籍……"

好啦，虽然我心里很不是滋味，也觉得将近一百美元的会费有点太贵，但已经花了那么久的时间读这篇文章，不知道结论也实在有点可惜，况且可能学到获利的投资信息，所以就买下去了。

结果呢？那个我原本连名字都叫不出来的"铈"，价钱过了不久就直落谷底，只能说自己不懂的东西绝对不要乱投资！

每个人都会斤斤计较。面对抉择时，我们会实时做损益评估：我能够得到的是否多过于我将损失的？如果损益差不多，结果也不确定时，大部分的人还是不会随便冒险。但是当可能得到的获益远大于损失的时候，人就会开始心动。这时再加上"目标渐近效应"，就足以令人赌上一把。

也就是为什么，每当彩票的奖金累积越来越高，虽然概率还是一样，但就有越来越多人想买，而且越是靠近开奖的时间，投注就越踊跃。

尼日利亚419骗局运用了同样的心理效应：即使你对这个意外的"缘分"感到莫名其妙，可是当千万美元的获利看来即将到手，只差那临门一脚时，花几千块"疏通"非洲官员，感觉上就成了一笔可以接受的"投资"。

曾经有位记者访问到诈骗集团的成员，他们说每发出一百封E-mail，可能会有三个人回信。只要回信，并配合完成了假手续的过程，成功率就已经超过七成。而当受害者汇出了第一笔款项后，那继续骗到更多钱就已经十拿九稳。

我们一般认为自己的评估会是理性的，但事实上，当我们投入的金钱、时间、情绪越多，反而会陷得越深，变得越不理智。这就叫作"沉没成本谬误"(sunk cost fallacy)。

在台风天等LV

"目标渐近效应"和"沉没成本谬误",曾让我认识的一位女性好友被骗了十几万,但不是被尼日利亚人,而是被身边的姐妹淘!

这位朋友(我叫她凯瑟琳好了)是个在外企工作的粉领小资,聪明能干,谈吐利落,看起来绝不是个好骗的人。

事情发生的半年前,她认识了一位新朋友安琪。安琪很热情又体贴,经常请凯瑟琳吃饭,约她出去看电影,找她一起逛街,翘班喝下午茶,两人很快就成了好姐妹。

某天,安琪跟凯瑟琳说,她有个朋友叫瑞玲,在法国的精品集团上班,可以用员工价买到名牌包,问凯瑟琳有没有兴趣。在法国买精品本来就比台湾便宜,还有员工折扣,等于台湾专柜价的五折不到,当然划算!于是,凯瑟琳赶紧汇钱,订了两个包给自己当生日礼物,等瑞玲下次回台湾时把包包带给她。

过了几个星期,瑞玲来了一封E-mail:"嗨,我回来台北了!

本来要跟你碰面的，但抱歉这次行程太赶，我来不及把你的包包带回来。我过两天又要再回巴黎，你看看还要什么，目录上随便挑，多少都可以，我再一起寄国际货运给你吧！"

凯瑟琳虽然有点小失望，但既然瑞玲说可以随便挑，她心想可以趁机多买一些，毕竟这种当季款名牌包很抢手，转卖还能小赚一笔，连安琪也说自己会跟瑞玲多买一些，于是凯瑟琳还找了一两个同事，大家一起合资，还跟男友借钱，一口气买了十几个包。

接着几个星期，瑞玲陆续 E-mail 了好几张出货单，还有自己拿着包包的照片："嘿，这个新出来的限量款，喜欢吗？"当然喜欢！凯瑟琳和同事们又再加码一次。

终于收到货运公司通知：货到台湾了！但先是说卡在海关，需要申报，等了好久终于出关了，但说好要送货的那天又遇上台风，凯瑟琳在家里苦等了一整天，还是没等到。

经过了一波三折，每次都"刚好"有状况一再延期，让凯瑟琳的男友开始起疑。他查了货运公司的地址，发现是一块空地，平常打电话去也只有语音留言，觉得越来越不对劲。

但凯瑟琳还是很相信："货都已经到台湾啦！我们也有出货单证明！"她去问安琪，安琪说自己也有点着急，但她之前跟瑞玲买过不少包包，虽然时间比较久，但不会有问题的。

但身为局外人的男友觉得疑点实在太多，于是用追踪 IP 的软件查看之前瑞玲和凯瑟琳的通信记录，这时赫然发现，所有瑞玲的

E-mail、MSN、出货单等，都不是源自于法国，而是安琪常上班的那家公司。

换句话来说，瑞玲就是安琪，安琪就是瑞玲。瑞玲不在法国的某精品集团工作，因为她根本不存在！连她拿着包包的照片，都是从网上随便抓下来的！

后来，凯瑟琳的男友找了律师，跟安琪对质。安琪看到证据齐全，只好认了，并签下本票，退还所有之前骗的钱。这时凯瑟琳才彻底梦醒。男友本来想告安琪诈欺，但律师说这种案子耗时也未必能拿到什么赔偿，还是算了。从此安琪便消失在凯瑟琳的生活圈。

多年过去后，凯瑟琳每次想起这件事，还是很感伤。"她怎么能那么大胆？她以为能骗到什么时候？！"

谁知道？搞不好这个骗局继续演下去，某天凯瑟琳会收到一封来自这个"法国精品集团"的存证信函，控告凯瑟琳非法进口水货。说不定安琪和瑞玲这时还会协助"私下和解"，让凯瑟琳觉得货品被没收但逃过一劫，而感激万分呢！

这个故事令我惊讶的是，连凯瑟琳这么聪明的女生，即使遇到了那么多不合理的状况，还是会相信那只是"不巧"，甚至还继续加码汇款，直到听了当事人告白才恍然大悟。还好她有个略懂计算机和法律常识的男朋友，实时揭穿了这个骗局。若整个流程按照安琪的计划走完，说不定凯瑟琳现在还会认她为好姐妹呢！

当人付出得越多，就会陷得越深。损失了一点，会更难设停损点。

所以即使电影难看，但你既然买了票，还是会把它看完。

即使已经在牌桌上输光了，你还是会想再赌几把。

即使这段感情早该结束，但因为已经投入了那么多感情，所以你还是舍不得放手。

我们自认理性，却充满了矛盾。

情绪有时候很可怕

浪漫派的人往往把"跟着心走"这句话挂在嘴上，但当我们已经在"目标渐近效应"和"沉没成本谬误"的影响之下，意气用事反而是危险的。

在台湾除了"冒充公务员"和"网络交易诈骗"之外，第三种最常见的骗局，就是"假援交、真诈财"。

过程是这样的：歹徒冒充一名漂亮的女孩，用一些性感的照片在社群网站和连我（Line）等即时通信平台勾引网友，认识之后就说自己缺钱，所以有在兼职援交。如果网友表示有兴趣的话，这位漂亮的女孩就会立刻跟他约在附近某间便利商店相见。

当网友到了约定的地点时，女孩会用信息请网友先购买游戏点数转给她，因为那样"比现金安全"。网友转了点数后，女孩还是不会出现，说为了保护自己，还是需要网友先转一笔"保证金"。如果网友迟疑，女孩就会用温柔调情的言语恳求："拜托啦，你都已经来了，这只是第一次是这样，才能确定你不是警察。我一见面就会立刻把钱还给你，你以后也不需要这么做了，我一定会让你想跟我一次又一次的……"

许多男性看到这样的信息就崩溃了，乖乖汇款给对方。说他们太天真，不如说是因为当下精虫冲脑。接下来就会有自称应召站老板的人来联络，用"确认身份""江湖规矩""小姐保释金"等各种理由要求更多汇款。如果对方拒绝，老板则会用很江湖的口气恐吓"看到时候是要断手断脚随便你"。许多男性就这样被骗走好几万的辛苦钱，而且常常不敢报警，因为实在太丢脸了。

当人欲火焚身时，理性思考就拜拜了！那感觉就像喝醉一样，会令人更大胆，更不顾虑风险，甚至连道德标准都会失守。[1]难怪有人说"英雄难过美人关"！

但这个现象也不只限于情欲；任何强烈的情绪都会影响思考，包括生理状态。当人累了、饿了、急了、气了，思考的方式都会不同，做的决定也可能相差很大。懂得操弄情绪的人，就会利用你当下的状态"顺水推舟"，让你答应他的要求。

因为人人都会见猎心喜，也都舍不得浪费，所以"目标渐近效应"和"沉没成本谬误"才会是那么有效的心理战术。现

---

[1] 这是有实验证明的：当人在"性欲高涨"的状况下填写问卷时，会对各种性偏好展现较大胆的态度。

在你知道这背后的原理了，我们该如何保护自己，避免落入有心人设计的陷阱呢？

我把建议整理为三个关键的重点。

1. "请给我一点时间"

这是最基本，也是最重要的一句话。只要你感到有丝毫的不对劲，就先把这句话说在任何决定之前。

无论事情感觉多么急迫，"给我一点时间思考"永远是你有权利要求的。如果对方明显表示不悦，甚至开始耍狠的话，那则是一个很强的警讯。

不要听对方的怂恿或激将，绝对要坚持给自己一点时间。无论你自己内心多着急，多想说"Yes"，也一定要这么做。如果对方急着问："多久？"说"几分钟就好"，然后赶快离开当下的环境，找个地方深呼吸几次，去厕所泼一些冷水在脸上。

但给自己时间的原因不是思考，而是要让自己先冷静下来，与当下的情绪建立一点距离感。

当你处在很情绪化的状态下，思考可能是扭曲的，而且如果对方挂一个很大、很香的"红萝卜"在你面前，或是在临门一脚的急迫关头上，其实你先要搞定的敌人是自己。这时候多想什么也没用，搞不好只会更加说服自己做原本就打算做的决定。

先赶快冷静下！然后我们再继续思考。

2. 把自己变成第三者

是的，这是一个很奇怪的技巧，但相信我，实在很有效。

打电话给一个朋友，问："你方便说话吗？我想跟你讲一个故事，请教你的意见。"朋友可能觉得你这么问有点奇怪，但只要他愿意给你几分钟，你就把事情和当下的心情叙述给他听，但重点是：不要说"我"，一定要用第三人称。

举例，假设有个人，我们叫他小明好了。小明被邀请去尼日利亚，因为那里有人要他帮忙处理一件事，可能拿到很多钱，不过要先去那里跟对方碰面……

"小明抽奖赢了免费假期去沙巴度假，被招待得很不错，玩得很开心，现在到了最后一天，在一个解说会，被邀请购买共享度假村使用权，投资度假村小木屋，机会很难得，小明觉得很心动，销售人员也很热情又客气，小明本来就是滥好人，觉得很不好意思。你会怎么跟他说？"

这时候你朋友很可能回答："你就是小明吧？！"

但你还是要坚持用第三人称把这个故事说完，而且如果朋友给任何意见，也请他务必用第三人称而不是说"你"。

为什么这么做，是因为一个很奇妙的现象，叫作心理疏离（psychological distancing）。

当我们用第三人称来叙述自己的遭遇时，会制造一种疏离的效果，而研究显示，这种距离感比较能让人脱离情绪，也比较理性地思考。

于是："我有个梦想，这个月要减肥三公斤"与"小明有个梦想，这个月要减肥三公斤"，感觉很不同。

对于"我有个梦想"，身边的朋友可能给予鼓励："很好啊，你一定可以的，加油！"

但变成"小明的梦想"，朋友可能就会说："那小明一定得少吃多运动喽，不然怎么可能？"

抽掉了个人关系和"自我"，整个回应的态度就会务实、理性许多。

如果这个朋友擅长聆听，而且又与这件事没有任何利害关系，可以当公正的局外人时，往往就能提出一些疑点，而这些疑点正是深陷其中的你所看不到的。

如果没有人能听你分享，那就用纸笔把故事写下来，一样用第三人称。写完了再读，就可能觉得像是一个陌生人的故事。很好！这时候你可以问自己：

"小明的梦想，会不会有点不实际？小明的情绪投入，是否有点过火了？"

"小明所遭遇的过程，是不是有太多巧合了，不太合理？"

"人家给小明的承诺，会不会听起来太过于美好？"

"小明已经付出的代价，会不会是他不想停的主要原因？"

"小明有考虑清楚这背后的风险吗？我会建议小明怎么做？"

你很可能会发现，光是这样换个角度，整件事情就会感觉很不同，思考也会客观很多。

3. 把"好强"转为"好学"

如果你已经付出了一些代价，甚至开始承受损失了，那就必须为自己设停损点。

但是很多人设了停损点却又无法停下来，而违背自己的原则，往往是因为过于好强，不愿认输，或觉得被人耍了就要扳回一局。

岂知人在这种状态下反而是一块肥肉！在尼日利亚419骗局中，当受害者已经发现自己被骗时，有时还会有另一组人冒充"尼日利亚侦查局"前来联络，说他们掌握了歹徒的行踪，将会协助逮捕并退还金额，只需要一些行政手续费……然后把受害者再剥一次皮！

你可能觉得怎么会有人那么笨，但当人在气头上时是最容易被操弄的。为了报复，他们什么都愿意相信。

如果你有颗很强的自尊心，又不轻易服输的话，你得学会转念，把"好强"转为"好学"。

学什么？学经验啊！

硅谷创业文化有句名言："趁早失败，多多失败，但绝不要一直以同样的方法失败。"失败不是问题，每个人都会出错、会吃亏、会受骗，但这些惨痛经验所带来的教训，是受用一辈子的。我们都在错误中成长，也都曾经摔过大跤，起码最成功的人都是如此。

所以如果被骗了，就把它当作"缴学费"吧！把这个经验跟别人分享，也可以帮助别人预防受骗。

这让我想起一件事，之前在上海虹桥机场，曾经被一名自称"邹文良"的先生骗过一千多块人民币。他说自己在上厕所的时候，背包被人偷走了，需要借钱办临时台胞证，回台湾就会还我。看在帮助同乡的分上，我把钱给了他，当然后来就没下文。在网上一查，发现这家伙还骗过不少人。我后来也把这段经验写成一篇散文，叫《老乡老乡，背后一枪》。

最近，有位读者传了一份《澳门日报》的新闻给我：

"【本报消息】一台湾男子近期在澳门国际机场先后向 3 名同乡声称遗失护照及金钱，但急于赶回台湾，伺机诈骗金钱，其中一人'上当'，报称损失约 6500 元。治安警接报拘捕涉案男子。被捕男子姓邹，47 岁，台湾人。治安警落案控以诈骗罪，移送检察院侦办。"①

不确定是不是同一个家伙，但看到了消息还蛮爽的。

———————————

① 《澳门日报》2015 年 6 月 23 日星期二。

我相信，有广泛透明的信息分享，能让"邹文良""安琪"这种骗子越来越没藏身之处。有不少曾经被"尼日利亚419"骗过的受害者，如今也开了许多网站，教人如何认清这种骗局，甚至还教人怎么反向操作，让那些骗子误认为自己钓到大鱼而白忙一场，算是一种"以诈止诈"吧！

　　把好强转为好学，把经验转为精明，才是防骗之道。

你之所以孤独，
是不知道怎么爱自己。

方法

拒绝
"糖衣炮弹"

M E T H O D   6

网上看到一篇文章，标题为《一男子为看所谓的风水，没想到被自己的弟媳妇诈骗50多万元》。

事件描述：蓟州区渔阳镇老孟的儿子到了适婚年纪，他开始翻盖老家的房子，但常与邻居发生争执，屡屡不顺。就在老孟为这事烦心时，其弟媳王某某赶来，称有"大仙儿"说这房子有问题需要用钱"压事儿"，老孟信以为真。

随后，王某某以此为由，先后从老孟手中拿了10多笔钱。老孟与所谓的"大仙儿"从未谋面，却已经给出了57万余元外加一条金项链。后来，老孟的儿子想在城里买房。老孟决定帮儿子交个首付，于是找到弟弟，想把给"大仙儿"用来"压事儿"的钱要回来，但弟弟称自己不知此事。老孟联系弟媳王某某时，对方支支吾吾，左拖右拖，就是不给拿钱。直到最后彻底失去联系，老孟才意识到自己被骗了，遂拨打了报警电话。

蓟州公安分局兴华街派出所接到报警后，立即展开调查取证工作。经过多日侦查，抓获王某某。经讯问，嫌疑人王某某对其以给老孟房子看风水为由诈骗的事实供认不讳，并同时供述了以帮助他人运作提前出狱、安排工作为名实施的另两起诈骗犯罪行为。

上一章提到人在临门一脚的时候最要小心，那另一个需要小心的时候，则是"站在人生的十字路口时"。

人总是在面临重大选择时，最可能会想要去算命：婚前、换工作、搬家、孩子出生时……尤其当我们对未来有些不确定，又拿不定主意，正为此感到焦虑时，任何能够帮助我们做决定的信息，无论是怎么来的，都愿意听取。

如果对方自称能给你建言，但他的依据不是分析，而是玄说，你会相信吗？你告诉自己这仅是参考，听听无害，但真的是吗？如果因此而影响了我们的决策，让我们更不确定自己的判断，那我们岂不是把决定的主导权交到了别人手上？

在这一章，你将会认识人类最普遍的"对号入座"盲点，也会读到一些比以上的例子还扯的案例。从中你会理解：**人是很需要精神寄托的，而能够掌握"信仰"的人，也务必要对自己的权力负责。**

把自己的命运交到别人手上

"曾经有朋友在台北书展（世贸展览馆）场外被两个假尼姑骗了8.8万元！可能因为朋友那阵子经常为了小孩的问题烦恼，所以那两位假尼姑不知道是有些通灵呢，还是从朋友的神情看出她有烦恼（应该是后者吧），就跟她谈起要怎样怎样消灾解厄，要发大愿，要一次点多少光明灯等，才能很快让小孩改善状况。而且朋友说身上没那么多钱，她们还说可以跟她到附近提款机领钱……不知道我那位平日很聪明的朋友，为何后来就真的去提款机领这么多钱给她们……当她知道受骗时，她也觉得不可思议，她说那两位尼姑真的好像可以看穿她的心思，一问一答之间，真的让她相信她们知道她的小孩为何在这一世会遇到这么多事，仿佛她们很早就认识她的小孩一般……"

以上是一位读者分享的故事。如果你觉得8.8万块很贵，那《纽约时报》今年有这么一则新闻，更扯。

一名32岁的纽约男子为了求爱，找了"灵媒"来帮忙。灵媒告诉他:"你爱的女子对你无动于衷,是因为你有太多负能量,需要施法。"法器是什么呢? 蒂芙尼钻戒。

于是,这名男子买了钻戒给灵媒,但完全无效。

灵媒告诉他:你们是绝世佳人,但两人都卡到阴了,这个阴魂非常难缠! 于是男子又付了巨款让灵媒举办各种法事。

灵媒又说,需要一个"时光机器"回到男子的前世来消除孽障。而这个时光机器就是一只价值三万美元的劳力士手表。男子买了表后,灵媒又说需要搭一座灵界的桥梁,要价八万美元,后来又说桥不够长,男子再付了一万美元。

某天,这名男子在脸书上看到消息:他爱的对象已经死好一阵子了!

他回去找灵媒算账。

"哎呀!"灵媒说,"你看吧! 这个阴魂果然厉害,都把她给弄死了!"

结果这名男子不但没醒悟,还付了更多钱让灵媒把孤魂安置到下一个恋爱对象身上。来回搞了将近两年,把他所有的积蓄都榨干了,最后这位痴男才不得已去警方求救。

警察把前后付给灵媒的钱统统加起来,吓了一跳:713975美元!

警察可能心想:我选错行业了! 天下怎么会有这么好骗的人? !

就是有，而且还多的是。

报纸上总是会出现这种骗财又骗色的新闻，有时候还从社会版跨上头条。令人不解的是，这些人听到要在阴间购买地契啊，要"阴阳双修"啊，这种显然对他们不利的歪理，怎么可能还会相信？

此篇就是要解释这背后的盲点。虽然一般人不会被骗得那么惨，但因为这个盲点会让人不自觉上当，所以发生在身边亲友身上的概率还挺高的。被骗的人相信，因为他们希望相信，而且也需要相信。此篇将揭开这些人人可能都有的，让职业骗子一眼就看得穿，并能趁机而袭的心理空洞。希望看到最后，能够让你理解的是：最大的不幸，其实就是把自己的命运交到别人手上。

控制的错觉

盲点一：生活中越无法控制的事情，我们越相信它能够被控制

这听起来很饶舌也很矛盾，让我来解释。

1967 年，社会学者詹姆斯·汉斯林观察业余赌徒的行为，发现很多人丢骰子时，如果希望要较高的点数，会丢得比较用力。如果希望得到只是一点、两点，就会轻轻地丢。这不能算是迷信，因为他们多半不知道自己在这么做，不过这种下意识行为，倒显示了他们多少觉得这会有效果。

当然我们都知道，只要骰子是公正的，丢的轻重不会影响它的点数。但我们还是会改变力道，用特殊的手势，念个咒语，向它们吐一口气……总而言之，如果什么都不做，完全听天由命，就是会让人觉得别扭。

这个现象叫作"控制的错觉"(The Illusion of Control)。我们需要对生活有控制感，往往相信自己能控制一些明明无法控制的事情。而即使我们知道那控制感可能是假的，我们还是需要它。

所以你会发现，人最觉得生活失去控制，或面临重要决策而不知该如何进行的时候，也会变得最迷信。

美国前总统里根就任时，就由占星老师来做国家决策。前白宫幕僚长唐纳德·里根爆料："总统的每一个行程和重要决策，都会事先让一名住在旧金山的女士过目，由她根据星象图来判断时机是否合适。"如果这位占星老师觉得时机不好，第一夫人就会直接取消总统的行程，有时候一次延误就好几天。

国家元首竟然让一位平民做这么敏感又高机密的决定，这个消息爆出，当然引来了一片哗然。第一夫人南希·里根在自己的回忆录中也承认的确有这回事，但她解释：自从1840年，每一位在尾数"零"的年份当选的美国总统都是在任时突然去世或被暗杀，因此有所谓的"20年之咒"传言。里根在1980年当选，上任不久就险逃一次暗杀，这让她非常担心先生的安危。而且她说：

"我这辈子多半都在演艺圈，而演艺圈是非常迷信的。或许因为演艺生涯多变又难以预测，所以每一位我认识的艺人都多少有点迷信。我的母亲也曾是演员，对我的影响从她就开始了。"

每当感受到人生的无常，我们都会去寻找各种方法来对抗无常。因为不确定感会带来焦虑，而焦虑一时无法化解时，我们什么都愿意尝试，因为有行动总比没行动好，有一点信息，哪怕是来自冥冥之中的信息，也算是有一点参考价值，不是吗？

当经济不景气的时候，算命老师的生意最好。

当人失恋的时候，月老和丘比特就会香火鼎盛。

当股市下跌时，财神爷那里就大排长龙（其实他那里总是大排长龙）。

当亲人病倒时，各种密医法师民俗治疗偏方就会陆续上门。

找方法降低自己的焦虑和不安，是很正常的行为。由宗教信仰获得精神力量，只要是善良正派的，也对人有益。

但你同时得特别小心，因为人在最困惑、最脆弱的时候，不但最容易听信胡说，受人控制，而且你心事重重的样子也很容易被职业骗子一眼看出来。

房子失火了会有很多人跑过来，但不是每个人都是来救火的。

主观验证

盲点二：因为我们渴望相信，所以很乐意对号入座

在撰写上一本《祝你好运：幸运原来触手可及》时，我设计了一份心理问卷，在网络上给 10000 多人填写。经过量化统计和质化分析后，我发现这本书的读者群有一种很独特的个性，很可能包括你在内：

"你是个很会反省，甚至会自责的人。你有许多潜力等待被开发，只是目前还没找到着力点。你善于独立思考，没有证据不会随便信赖别人。虽然你的外在让人觉得自信自律，但你内心缺乏自信也时常在烦恼。你渴望安稳的生活，也知道自己有能力获得，但还是会追求一些不切实际的梦想。你终究还是喜欢人生有些彩度和变化，所以每当被规范或限制时，就会开始不满而叛逆。"

你觉得以上的分析准吗？

如果你觉得这正是形容你，那请多买几本书表示支持，感谢！

好啦，我必须承认，那不是我做的分析。这些句子其实来自一本"非常限量"的"神秘书籍"，叫《变态及社会心理学杂志》。它的作者伯特伦·R. 福瑞尔是一位心理学教授。在 1948 年，他请班上的学生填写一份详细的心理问卷，一周后让每个学生获得一份专属自己的个性分析报告。每个学生读后都觉得分析得很准，命中率平均在 85% 以上。

然后，福瑞尔在课堂上请学生们彼此交换。这时，大家才发现每个人都收到了一模一样的报告。

这时教授也认了：这些句子也不是自己写的，而是从一本报摊买到的占星学手册上抄下来的！

仔细再看看以上的分析。每一句或许形容了你，但也几乎形容了所有的人。

这种"对号入座"的现象，后来就被称为福瑞尔效应、人格确认误导、巴拉姆效应。这个效果无论文化和背景都一样，不仅被多次实验证实，而且多半人收到了真正的个性分析报告之后，反而还会觉得"通稿"更准！而根据研究，要让人对通稿的信息感受到最高的"准确度"，有三个条件。

（1）信息必须"个人化"。对象必须相信这是为他量身定做的分析结果。

（2）对象必须信服分析师的权威。

（3）分析内容必须褒多于贬，最好是先褒再贬。

如果符合以上三个条件，那大部分的人就会乐意对号入座，还深信不疑。

"你是独一无二的……跟每个人都不一样。"

马克·爱德华是个职业魔术师，也曾经做过职业灵媒。退休后，他写了一本自传，也算是个告白吧，叫《精神忧郁：一位矛盾灵媒的自白》（*Psychic Blues: Confessions of a Conflicted Medium*）。

他的算命职业从电话热线开始。在 20 世纪 90 年代，美国曾经有个叫灵媒网的灵媒专线，在深夜的电视频道时段连续打广告，号称聘请了美国最厉害的通灵人士，能透过电话为你指点迷津。在鼎盛时期，这个专线一个月的业绩就高达 300 万分钟，年收入 1.4 亿多美元。马克·爱德华是他们的红牌灵媒之一，但他自己薪水不高，大部分的获利都被电信公司和灵媒专线的母公司抽走了。

他可以在家里接电话，但很难睡得好，因为工作高峰都在深夜。多半有困扰的人或许因为失眠，或是刚好在电视上看到了广告而好奇打来。

他形容一个典型的通话过程。深夜铃声响起，他从梦中惊醒，赶紧打起精神，拿起话筒说："欢迎打来灵媒好友网，我是马克分机 7408，请问可以怎样帮助你？"

隔了好久之后，终于有一个细小怯懦的声音说："你好，我是萨拉。"

"你好，萨拉，我很高兴你打来。你有任何特别的问题想问我，还是要我先感受你的气场？"

"嗯……我其实只是好奇你会跟我说什么，前面五分钟免费对吗？"

灵媒专线的卖点就是号称"前五分钟免费"，之后每分钟四美元，所以接电话的人必须在这前五分钟把对方牢牢抓住，才会有赚头。

"萨拉，我首先感受到的是不安的气场。你似乎卡在一个令你感到孤独又无助的状态。"

"嗯，没错。"萨拉回答。她的声音有点沙哑，带一点鼻音。这是个线索，让马克知道：她不久之前刚哭过。这时，马克根据他对萨拉年龄的判断，已经可以照表抄课了。

"我感受到你有感情上的困扰，有时会让你害怕。"马克说，"你身边有很多人一直想'拿'，而你大部分的时候都乐意'给'，但这会让你很不快乐。我不会建议你改变这种善良无私的个性，因为这是你的天赋。不过，现在是一个重新评估的机会，让你对过去几个月所失去的事情有个交代。你要知道，其实别人需要你，远多于你需要他们。”

萨拉没有回应。马克有点紧张，但终于听到话筒传来一阵唏嘘声，萨拉哭着说：“是啊！你完全说对了！”

“我可以感受你身边有人在等着你采取行动。你必须坚强一点，话说'对付公牛就要抓住它的角'……”

突然萨拉大声说：“天哪！你怎么知道？我前男友就是个典型的金牛座，就是个牛脾气！”

一通电话只要这样"命中"了一两个细节，对方就会成为铁粉了！现在马克就再可以容易地花好几分钟给萨拉一些"来自灵界的智慧"，说穿了就是"不要浪费自己的时间在不值得的人身上"这种笼统的建议。

最终，马克还叫萨拉赶紧动起来，不要再讲电话了。这一来是善心的建议，二来是因为这通电话已经很久了，马克担心费用太高会成为呆账。

“说穿了，其实'通灵'就是专注地聆听。”马克·爱德华在他的自传上这么写：“这不需要投机取巧。我虽然曾经用过一些下流的手段欺骗人家，但最终我还是发现，客户对我的'天赋'的信任，跟这些技巧一点关系都没有……人啊，还是会相信他们想要相信的。”

总而言之，如果你相信对方，觉得他是针对你，又说了一些让你开心的话，绝大部分的人都会很开心又乐意地对号入座，把"通稿"认为是"通灵"。

伙计们，我卖的是希望。必须毫不犹豫地、满怀信心地交付。
　　　　　　　　　　　　　　　　　　　——马克·爱德华

确认偏见效应

盲点三：一旦对号入座，我们就会继续对号入座，甚至当别人提出反证据时，还会更坚信自己是对的

这个盲点相当厉害，我甚至认为它是社会乱源之一。

每个人都有一个"心理自卫系统"。就像免疫系统一样，我们会自动阻绝那些外来的，对我们身心造成威胁的干扰。包括病毒细菌，也包括挑战我们价值观的思想。

我们惯性会挑选只看我们想看的、听我们想听的，并忽略那些不符合我们内心标准的信息。

这个现象叫"确认偏见"：人会主动寻找信息来确认并加强自己固有的价值观和信念。

这是一个人人都有也很难改的习惯。改变很难，因为改变是痛苦的。

你还记得自己的叛逆期吗？当我们脱离父母和长辈的价值系统，开始建立自己的世界观，在那混乱迷茫、渴望独立却又没自信的年岁，是每个青少年必经的痛苦历程。但经过了一番挣扎、挫败和思辨，透过学习、旅行、交友、恋爱……人生的遭遇让我们建立了新的认知，逐渐获得成年后的稳重。这时要你再经历一次叛逆期，瓦解之前的价值，重新再来？算了吧！何必再痛一次？

人一旦定了型，就很难自愿改变。

2008 年美国总统大选时，学者分析了亚马逊（Amazon）网络书店的购书趋势，发现支持奥巴马的政论书籍都是奥巴马的支持者在购买，而反对奥巴马的政论书籍，都是原本就反对奥巴马的人在买。换句话来说，选民买书不是为了获得更多元的信息，而是为了更确认自己的政治立场。

在台湾也是一样，偏蓝的观众只看亲蓝的媒体，偏绿的观众只看亲绿的媒体，偶尔会转台，但看久了就浑身不舒服。

照理来说，网络论坛应该促进公开的辩论和交流，但这么多年下来，大部分网民还只跟立场相同的网友一起打嘴仗，与那些立场不同的人笔战。因此从今年开始，许多欧美的网络媒体已经陆续关闭文章底下的留言板，因为他们觉得那些讨论区中的"对话"所增加的智慧价值不多，反而在加深偏激跟对立，让整个版面的 IQ 下降。

以前，当我在广告公司做市场研究员的时候，就发现客户往往只想听自己想听的结果。很多客户第一次来洽谈广告时，已经带着很深的预设立场。研究报告若不符合他们的立场，他们根本就把它当耳边风。有些客户甚至会用市场研究来推动自己的方案，等于借刀杀人。

某次我为客户安排了一场座谈会，找不同族群的消费者来深度访谈。客户是一家餐饮公司，正在评估是否要转换经营模式。公司里一个派系希望以加盟方式快速发展，另一个派系则希望维持直营。两个派系都分别来了一个代表，坐在单面镜后的密室里。

访谈进行中，每当消费者说一些对加盟店有利的话时，我就看见加盟派的经理拼命点头并狂写笔记。但当消费者表示："我觉得老店还是质量最可靠"，则换直营派代表兴奋地写笔记，另一派则冷冷地坐在那里，好像什么也没听到。

事后，我分别问两位经理对这次访谈的感觉。加盟派说："很好！完全证实了加盟的必要！"直营派说："很好！消费者明显表示应该维持直营！"同一场访问，两个经理只听到了自己想听的部分。当我们原本没有立场，但后来有了立场，"确认偏见"甚至会改变我们的记忆。

有个很有趣的实验证明了这一点：实验者先请一群人看一篇文章《简的一周生活》。在这篇文章里，有时候简似乎很内向，但有时候她又似乎很外向。

过了几天，同样一群人被分为两组：一组人要评估简是否适合当一个图书馆管理员（典型的"内向"工作），另外一组人则要评估间是否适合做房屋中介（典型的"外向"工作）。

结果显示，两组人对简的印象有不少差异。"图书馆组"比较容易记得简一周内做了什么内向的事，而"房屋中介组"则比较容易记得简做了什么外向的事。他们的记忆，已经被他们要评估的立场而影响了。

有趣的是，一旦两组人做了决定，再回头看原来的文章时（也就是形容简为既内向又外向），不但没有改变立场，反而还更坚信他们的决定！

这个现象叫作"逆火效应"（The Backfire Effect）：你很难用证据改变一个人的观点，除非他自愿改变。如果对方不愿改变，提出更多证据只会让对方更坚信自己的立场。

当马克·爱德华在电视上公开承认自己是个假灵媒之后，竟然还有现场观众在后台找他算命，因为他们坚信马克真的会通灵，只是被迫说自己不是！

在爱情交友网站上，有不少女子被冒称富二代或贵族的"真命天子"骗走了毕生的积蓄。后来逮捕了嫌犯，即使铁证就在眼前，还是有不少女子拒绝控诉，因为她们还是坚信"他其实是真的爱我的……他是被陷害的"！

即使是坏掉的钟，一天也会报时两次。

——《美女与野兽》

包着糖衣的特效药

了解以上的三个盲点，你就会知道为什么那么多人会受骗了。

你可能觉得我反对算命和玄学。其实不然！我有好几个朋友是命理师，有时候我也会听取他们的意见。

他们在社会上有重要的价值，因为在以前的社会，巫师和祭祀其实就跟心理医生差不多。

碍于职业规范，心理医生不能轻易跟病人说"我觉得你的问题就是怎样"，也不能随便提供人生建议。但算命老师可以开门见山，断口直言。撇开超能力不谈，光是凭多年的阅人经验和敏锐的观察力，他们所提供的意见还是值得参考。

有位心理医师朋友还跟我说，其实有些在庙里工作的人也有心理咨询背景。若是碰到了超出他们辅导范围，实际需要就医的信徒，会透过"神明"把他们介绍到医院。

民间有很多非科学类的导师，凭着善念和助人之心在从事他们的工作。他们懂得聆听，给予智慧建议，让人受惠良多，抚慰人心。他们做的是辅导师的工作，收取钟点费当然也合情合理。

但我反对和鄙视的，是那些刻意利用人的弱点，用各种骗术把人榨干的神棍。他们的目的不是帮人过得更好，只是想从别人身上获得最多的利益。

多年的学术研究，使我变得很理性。但同时，我不会狂妄自大地说玄学就统统是一堆傻子。科学总是在进步，新知总在推翻旧认。我们唯一能够确定的是：世界上还有太多事情，是现今科学无法解释的。

在这些神秘现象之中，有最多科学记载但还是无法用科学解释的现象，就是"糖衣效应"，相信你一定听过。

给病人吃个假药丸，骗他说是特效药，很多病人就会好起来。为什么光凭信念，就能让人不药而愈？而且这还不是偶尔才发生的奇迹，令人吃惊的是"糖衣效应"多么有效！

自认为吃了特效药的"糖锭"之后，40% 的头痛患者就不痛了。

50% 的胃溃疡和结肠炎患者，有了明显的改善。

40% 的不育症患者，怀孕了！

几乎每一种疾病都会显示"糖衣效应"，有些多，有些少，但对于过敏症、气喘、精神病来说，"糖衣效应"有时可与真的药媲美！

也之所以，现代医学界在审核新的药物时，必须先做双盲试验 (double-blind testing)，证明这个药明显胜过"糖衣效应"，才算真的有效。

对于"糖衣效应"，医学界有各种不同的解释，但事实上，没有人真正知道为什么"糖衣效应"那么有效。我们只能接受这个事实：信念能够让人痊愈的力量，是超乎常理的。

当然，我们绝不能光凭信仰过日子，生病不找医生，有问题不去面对，那只是在逃避现实，最终还是害了自己。但同时，我们也绝对不能忽视"正念""希望"和"意志力"的重要。

而且，这些信念的力量，其实都源于自己。这是多么令人振奋的发现！让自己健康快乐，把厄运转为好运，有一大部分的控制权，就掌握在自己的手里。

这就是希望的力量，而且希望是免费的。

但同时，希望也是可以被贩售的。有心人会说："你必须付这些钱，做这些事，才能得到希望。"他们卖的可能只是糖衣，靠你的信念赋予了价值。但当你深信不疑并依赖糖衣的慰藉时，那卖家就能随便喊价。

把你原本有的东西拿走，标上高价再卖给你，这就叫作骗局。

我不会叫你改变信念，只要信念给你希望、给你力量，而且是善良正向的。

但同时，我要你问自己三个问题：

(1) 我的信念是否很昂贵？维持这个"信念"是否已
经让荷包大量缩水？

(2) 当我的信念似乎解决了一个问题，是否又衍生出
别的问题，好像连续剧一样？

(3) 我的信念，是否让我越来越依赖它，对自己解决
问题的能力反而越来越没信心？

如果以上任何一题你回答了"Yes"，那我劝你赶紧找个可
信赖的朋友，请他给你一些客观的评语。

夺回主导权

以下的五个方法，能帮你预防受骗，夺回希望的主导权。

1. 学习批判性思维

批判性思维 (critical thinking) 是现代生活必要的能力，也是传统填鸭式教育最大的弱点。批判性思维不光是"批判"，而是用逻辑推论、用正反两面思辨、用科学方法研究佐证。学习自己做研究，寻找有公信权威、有专业背书的信息。不要光是听片面之词，永远记得查清楚你的资料来源。

2. 对于别人所宣称的能力，用整体的信息评估

很多神棍喜欢乱枪打鸟，丢出一大堆暧昧不清的细节，事后只拿有被他猜中的预言做广告。如果你听说某算命老师是"铁口"，请他下次让你录音，把所有的话都记录下来，然后按照时间一一验证。如果他有一两件事情说得很准，但其他八九成的

预言都落空，那也不能算很厉害。如果有个医生只有 20% 的时候能诊断正确，你还敢去找他吗？

3. 如果你担心未来，就要对人生的无常做好准备

为了过得安心，我们得有保险。如果你害怕失败，就要做好风险评估，并思考退路和应急计划。论语的三思值得参考：思危、思退、思变。当我们一头热向前冲的时候，做这种准备似乎是不必要的投资，但也是必要的。就如同一场颁奖典礼，每个入围者都准备了得奖感言，但心里也都有个谱，如果没得奖的话，访问时要怎么跟记者说。做好了该做的准备，心里更踏实，反而能让内心的力量更加奏效。

4. 无法应对"远虑"，不如处理"近忧"

有个朋友告诉我，每当她觉得焦虑的时候就会下厨，因为烹饪的"立即性"能让她忘记烦恼。有些人开始工作前会整理办公桌。只要不成为拖时间的借口，我认为这是个好习惯，毕竟整齐的环境有助于提升效率。如果你觉得生活的大方向走偏了，但不知道怎么是好，不妨先从现阶段开始，把每一件眼前的小事情做好，同时培养一些好习惯，让这些能掌握好的小事给你带来信心，慢慢堆积成幸运的未来！

5. 相信"相信"的力量，培养自己的希望动能

我们是否能用"念力"改变自己？是的！心诚则灵？即使不完全灵，也绝对有帮助！心理学对意识和意志力的研究，已经越来越接近宗教的境界。当我们做足了准备，决定胜负的关键往往就是自己的心态。这种精神集中和正面期望的力量是非常可观的，也是控制权靠自己。千万别把这个控制权交到别人手上。

我希望读了这个章节，能让你更重视"希望"。希望能让病人不药而愈，能让弱者反败为胜。

希望能让人熬过命运的浩劫，从集中营活着走出来，处于死地而后生。

希望是一种科学还无法解释，但不得不承认有效的力量。

最重要的是，希望的力量就在你的手里，也只有你能启动它。它既是无价又是免费的，所以，别轻易让人家卖你一些过于昂贵的糖衣，让你依赖他们所定义的希望。

人生遭遇优劣兼具，最不幸的就是把希望的主导权交给别人。

相对来说，最踏实的幸福，就是当你把希望给找回来的时候！

别被外来的力量牵着鼻子走，
规则会改变环境，也会改变人心。

方法

7

从环境
来理解人性

METHOD 7

之前在网上浏览到一篇题为《初三女生见一老太摔倒忙上前搀扶，老人反咬一口》的文章，看后我深有感触，这个社会怎么了？

　　事件经过：2015年4月3日早晨，舒城初三女生小何骑电动车上学，见一老太摔倒忙上前搀扶，不料老人一口咬定是小何撞了她，交警反复勘查，终还小何清白。

　　2015年4月21日，老人伤愈出院时，善良的小何不计前嫌，带着家人向这位经济困难的老人捐款千元，此举在当地传为佳话。

　　说到小何动员父母向老人捐助了千元。这恐怕就是先贤们所说的"以德报怨"吧？

这个以德报怨的故事固然暖心，但其实我们也都知道，在这个社会上好人未必有好报，搞不好到最后是小人当道。

如果你曾经被小人摆过一道，如果你曾经被背叛、出卖、利用，受到了冤枉的待遇，你八成对陷害你的人耿耿于怀，说不定还因此认为人性本恶。

是的，**这个社会上会有许多令你愤怒的不平等，会有许多卑鄙阴险的角色，我们的防人之心，绝不可无。**但要如何防呢？

如果你常犯小人，那接下来的章节不但能教你如何"理解"小人，并提供一套检视环境的应对策略，来帮助你少受小人之苦。

一种独特的生存环境

　　杜鹃是一种花，也是一种鸟。最常见的杜鹃鸟又俗称"布谷鸟"。你一定熟知它的叫声，那呆呆的"布——谷"深受人们喜爱。

　　但你知道吗？可爱的布谷鸟，竟然是鸟类的"小人"[1]。它们不自己筑巢，只会偷用别的鸟巢下蛋，公的布谷鸟负责把风和打掩护，吸引其他鸟的注意，母布谷鸟则趁机飞进它们的巢，把自己的蛋跟其他的蛋混在一起。不知情的母鸟没注意多了一颗蛋（算数绝对不是鸟儿的强项），于是就把小布谷鸟跟自己的孩子一起孵出来，也当成自己的孩子喂养，岂知悲剧还在后面，因为刚出生的小布谷鸟不但很会抢食，还会趁母鸟没在或没注意的时候，把兄弟姐妹们一一推出巢外，让它们摔死在地上！

　　你现在还会觉得布谷鸟可爱吗？

---

[1]　不是所有杜鹃科的鸟类都会这样，但有许多品种的布谷鸟只会靠这种"寄生育雏"方法繁殖。鸟中的小人——这应该叫"鸟人"吗？

有一种扁虫更是骇人。它们寄生在蜗牛的身体里，长大后会控制蜗牛的行为，使平常隐匿低调的蜗牛无法自主地爬上树梢，把自己大刺刺地暴露在外。扁虫还会钻进蜗牛的眼柄，使两个眼柄肿成彩色毛毛虫一样，仿佛对鸟儿呼唤着："来吃我！来吃我！"如此轻易把宿主变成鸟食之后，这种扁虫则在鸟的肠道里繁殖，再随着排泄物把卵送回森林，等着把更多蜗牛变成僵尸。

实在令人咋舌！但你能说布谷鸟和扁虫是"邪恶"吗？

它们的行为固然残忍，但只能说是一种独特的生存模式。

为了存活、繁殖、育生、自保，动物界的招数无奇不有，跟人类的世界差不多。

寄生育雏的布谷鸟，就让我想到专门把烂摊子丢给同事，总要别人帮他们擦屁股，却又四处厚颜邀功的办公室小人；"僵尸蜗牛"寄生扁虫，也不禁让我想起那些找朋友帮他们背书，毁了别人的名誉，只为了成就自己上流社会梦的人。

就如同在严峻的大自然，动植物会演变出各种奇奇怪怪的生存方式，在人类社会中，有些人根据环境而演变出各种生存行为。当人觉得自己受到威胁，无论是真小人还是假想敌，想必会用一些招数来战胜敌人。如果你曾中过小人的招，一定对他们恨之入骨，但就像电影里的黑道把人做掉前会说："这就是我们的江湖之道。"小人会说："这就是我的生存之道！"

你可能觉得小人是冲着你来的，但其实小人真正在乎的只是他自己。

一个在公司暴跳如雷的老板，说不定回家是个温柔体贴的丈夫。

一个老是跟父母唱反调的叛逆少年，说不定在外对其他长辈却彬彬有礼。

一个对朋友制造谣言、散播八卦的妇人，说不定在教会也是最热心的义工。

事实上，人在不同环境会展现不同的面貌；当环境和角色改变，行为也会跟着改变。

问题是，我们不是这么看世界的。我们会根据一件事来判断一个人，而忽略了事情的前因后果和环境的影响。这叫"基本归因错误"(fundamental attribution error)，也是造成许多误会和冲突的主要盲点。

要防小人，我们得要跳脱基本归因错误，把焦点放在周遭的环境，从环境来理解人性。

我们应该问自己的是：什么样的状况，会让人变得愚昧、自私、没有主见、丧失良心？什么样的状况，会让人说谎、作弊、背信、失礼、暗算、霸凌？

要预防小人，你就得理解他们的环境和他们的生存之道。

高度同化的环境

高危险群：学校（尤其初、高中）、传统中小企业、社团、球队、教会、政党

这种环境的小人行为特征：

- 霸凌和斗争
- 出卖别人来展现自己对群体的价值
- 对正义的选择性沉默
- 扭曲是非
- 集体犯罪

环境中的生存心态：跟着大家一起，总比孤立独行来得安全。

　　这些组织重视团结，同化性很高。无法融入或意见不同的人，在团队里会感到很大的压力。这种环境很容易造成"群体迷思"。

简单来说，"群体迷思"就是"大家一起犯错，但没人敢说"。

有个经典实验证实了这个现象：

右图中哪一条线跟左图的线一样长？

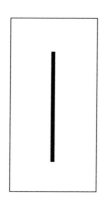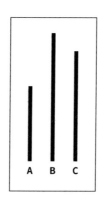

正确答案是 C，这一点都不难。但我们看看人在同侪压力下会怎么回答。

这个实验八个人一组，每个人轮流作答，但只有最后一个人才是真正的实验对象。其他七位都是实验者安排好的"暗桩"。

实验一开始，大家都会说出正确的答案。但进行了几个回合后（一共有 18 个问题），暗桩们都会开始给出错误答案，例如以上面的题目为例，七个暗桩都会陆续说正确答案是"A"。那一看就是错的啊！而当轮到不知情的实验对象时，他会坚持说出正确的答案，还是跟随其他的七个人，说出明明是错误的答案呢？

结果是，每四个人之中，只有一位会每次都按照自己的看法作答。其他的人多少都会受到暗桩的影响，至少给了一次错误答案，而其中 5% 的人每一次都随从多数意见：暗桩说什么，他们就说什么。

除非你的眼睛有问题，这些题目是不会答错的。但竟然还有这么多人会"睁眼说瞎话"，实在令人很惊讶！

这个实验最初是在 1951 年进行的，或许那个时候社会同化性较高，但就在今年，两名美国的心理学者复制了这个实验，还把过程拍成影片，结果发现 2/3 的人还是会选择跟着大家答错，无论年龄、性别和种族。

这些实验显示：大部分的人在同化压力下都会压抑自己，随从大众的看法，只有少数人能够一直坚持自己的意见。

"我在公司一直想提出的计划，终于找到一位经理愿意支持了。但没想到会议上董事长听了眉头一皱，其他人也就纷纷开始批评我的提案。这时候本来要挺我的经理不但没帮我，还跟着大家说我的想法不够成熟！我的提案失败也就算了，但被如此落井下石，让我竟然气到当场哭了！我已经准备好辞呈，这种环境待不下去了！"

这位可怜的职员，一定觉得自己被经理出卖了，才会气到失控。

但这位经理搞不好还觉得："你怎么那么白痴，被打枪根本是活该！"

无论事后怎么圆场，彼此之间的信任已经破坏了，实在很可惜。

当群体意识很强的时候，同化压力会压抑个人主见，甚至胜过是非。发表自己的立场需要勇气，更需要支持。但在某些节骨眼儿上，你可能发现原本要挺你的人不但退缩了，甚至还改变了立场。但你对他们生气，他们说不定恼羞成怒，反而更不会支持你。

什么样的人最容易在群体压力下屈服呢？如果你发现对方：

- 很在意别人的眼光和评价
- 工作地位很需要群体的支持
- 自己还是个局外人，但渴望被别人接纳
- 人家说什么都只会认同的"滥好人"

有以上任何特征，都要小心一点。他们可能没有伤害你的意思，但如果硬是要在"你"和"群体"之间选一边，他们很可能会选另外一边。

对付同化压力的环境

"伸出来的钉子会被打平"，这就是群体压力的威胁。为了避免成为挨打的钉子，人就学会伪装自己，压抑内心的想法，为了合群而选择沉默，甚或是参与霸凌、出卖别人来展现对群体的忠诚。

要对抗这种压力，心理实验给了我们一些线索。

在前面的"看哪条线比较长"实验中，十个人里有七个都会受到暗桩的影响，说出明明是错误的答案。但这个实验只要改变一个条件，就会彻底改变结果。

即使所有其他暗桩都说了同一个错误答案，只要有一个暗桩表示"不确定"，几乎 100% 的实验对象都会选择诚实作答！

另一个会逆转结果的情况，就是如果实验对象只需要把答案写在纸上，而不需要说出来。当自己的答案不会被群体知道时，所有的实验对象也都会诚实作答。

由此可知：要对抗群体迷思，需要创造质疑的空间和私密的发言机会。

1. 创造质疑的空间

如果你想说实话，却又担心受到攻击，那就要很注意自己的沟通技巧。

让我们先看两个错误示范。

"我觉得 ×× 才是对的。"

虽然你勇敢表态，但这么说的言下之意就是"我觉得你们都错了"，很可能会引来攻击。

"明明就应该是 ×× 啊，你们都瞎了吗？！"

激动的表达会很快引起注意，但也一定会受到挞伐。即使你完全是对的，也不能这么自以为事。

"不好意思，我可能没有理解清楚，也许 ×× 也没错？"

这种表达方式比较安全，因为在提出质疑的同时，并没有直言否定别的看法。"也许"是你自己没有搞清楚，××"也"没错？

适当的自嘲也能减少挑战的意味。

"哈，我这个人就总是慢半拍，可以解释一下为什么要这么做吗？"

"天啊，我一定是瞎了，为什么我怎么看都还是 A 比较长？"

"我可以问一个很白痴的问题吗？"

当你礼貌并带有自嘲地提出问题时，别人就比较没有立场直接攻击你。看状况，你可以请他们解释自己的看法。在群体迷思的状态下，往往解释起来就会凸显矛盾，搞不好对方说着说着就卡住了。

但你也千万不要得意忘形！要记住维持低姿态，对方也许会稍微让步："其实我们也未必百分之百确定。"或者："也许你的看法也有些道理。"

这么一来，你就开启质疑空间。就如同实验中那位说"我也不太确定"的暗桩，这个空间可能就会鼓励其他原本选择沉默的人开始表态。

如果有人质问"你是真的不懂,还是假的不懂?!"你可以用"个人经验"来解释:

"我的个人经验不太一样,所以比较难理解为什么会这么做……"

尽量把"我的看法不同"替换为"我的经验不同",也避免加入情绪,用个人经验和案例分享来解释自己的立场,冷静并理性地提出质疑。

2. 把群体放在个人之前

要避免引起敌意,在沟通时,永远要把群体的考量放在第一优先,并解释你的建议为什么会对大家比较好。

这是很重要的原则,因为当你显示自己是为了大家着想,群体里的成员也比较难攻击你。

"我跟大家一样,想要帮公司省钱,也想赶快结案。也许用另一种方法会多一些成本,但我们可以避免许多后患……"

让大家理解某个决定的"得"与"失",会比单向的论述更有说服力。如果你要为正在被排挤的人求情,当大家一窝蜂喊"杀"的时候,你也不能直接喊"卡"吧!最好还是先从共同立场开始,再顺着提出你的考量:

"他这么做很不对,犯了我们的规矩,谁都不喜欢!不过冷静想想，要是现在把他处理掉，后面可能会更麻烦，为了大家好，也许我们可以想想别的方法……"

群体迷思是一只凶悍但愚笨的猛兽，你得顺着它的毛摸，不要激怒躲在毛里的跳蚤们。

改善环境的同化压力

同化压力对一个公司很危险，不但会降低创新和应变能力，也可能限制人才的发展。这些建议对经理和主管们特别重要，但也适用于各种其他组织。

1. 确保意见的隐私和安全

只要能私下提供意见，人们就比较敢说真话。当你发现言论已经开始一边倒时，可以提议先稍缓，提供一个私下表态的机会，暂时支开强势的压力，但你也必须确保发言人的隐私，让他们觉得提出想法不会受到伤害。

2. 鼓励"就事论事"的讨论方法

虽然大家都知道该就事论事，但铆起来也容易失控。为了避免负面言语和人身攻击，你得维持冷静理性，强调群体共识，把议题当作大家一起来解决的问题，而不是一场胜负分明的辩论。

3. 以团结为前提，要求彼此尊重

如果有人刻意在煽动群体，你可以用这个方法解围：先当个啦啦队，提升大家的好感，然后强调"大家本来就同进同出，同舟共济，不应该互相攻击"。以这个作为原则，要求团员们彼此尊重，然后再提供发表意见的空间。

> 生活的目标不是与大多数人为伍，而是避免发现自己置身于精神错乱的行列。
>
> ——马可·奥里利乌斯安东尼

"不公开比较"的环境

高危险群：同学会、左邻右舍、社交场合、社群网站

这种环境的小人行为特征：

- 散播谣言八卦

- 在朋友背后捅一刀

- 用谎言哄抬自己，招摇撞骗

- 搞小群体，互相排挤暗算

- 恶性竞争和掠夺

环境中的生存心态：资源多才有面子，有面子才有朋友，有朋友才有资源！

人人都有比较心，而比较心是正常的。只要规则公正透明，竞争是好的，例如各种运动比赛，选手们在公平竞争下追求卓

越的表现，还能展现运动家精神。

但是当标准不透明、规则不公平的时候，人的比较心态就复杂多了。

以前参加同学会，就深深感受到这种差别。享有好工作、领高薪的同学意气风发，不得意的同学则显然气场弱。大家表面上都很欢乐，但不免觉得某些人的笑容很勉强。

社会心理学家利昂·费斯廷格所提出的"社交比较理论"(social comparison theory) 就说：碰到与我们越相近的人，我们的比较心就会越重。我们不会跟比尔·盖茨比财力，跟霍金博士比聪明，但跟我们同一代出生、同一个环境长大、同一个学校毕业的人，自然就会成为我们心中的竞争小人。

问题是，我们要用什么标准来比较呢？如果你跟别人比薪资，但同学赚得比你多，心里又会是什么滋味呢？

法国巴黎经济学院针对欧洲 24 个国家 1.9 万名受访者研究调查显示，喜欢和亲友或同仁比较薪水的人，普遍比较不快乐。如果发现同仁薪水比自己高，可能会觉得沮丧，而若比较对象是亲友，痛苦指数则会倍增。

当我们觉得自己比不上别人的时候，自尊的受损会带来很不舒服的感觉。这种不悦就叫作"忌妒感"。忌妒感很难受，所以我们的"心理自卫机制"会用几种方法来保护自己。

	正面	负面
主动	把对方设为激励自己的榜样:"拼一点,我两年后也要做到他的等级!"	以报复心态设法贬低对方:"看你嚣张的样子就不爽!我也要你尝到失败的滋味!"
被动	寻找合理的解释安慰自己:"他比较资深,又是国际公司,难怪薪水比我高。"	寻找对方的不足作为安慰:"他虽然赚得比较多,但工作时数过高,不像我还有一点儿生活自由!"

　　无论对自己或是别人,我们要担心的是负面的反应,尤其是主动＋负面的心态。你可能认为"正面、积极、透明"的环境比较会有正面心态,但不完全正确。

　　关键在于:这个环境,是否允许公开的竞争?

　　在比赛时,球员可以对自己大声喊话,表现不好时可以脸上露出不悦,只要不失控犯规,有些教练还会鼓励选手们要带着凶狠的表情上场。

　　设想:如果教练叫你总是笑眯眯的,对方进球还要恭喜他们"哇,你好棒!"那不是很别扭吗?

　　问题是,实际的生活充满了这种不公开的竞技场。大家互相在比较,却同时要强颜欢笑。这时如果无法自己消化情绪,则会转为憎恨的忌妒心态。

举例来说，许多华人父母亲都喜欢拿自己的孩子来做比较。考上什么大学，做什么工作，赚多少钱……有些父母甚至直接在孩子面前说："你看人家功课多好，钢琴一天还练两个小时！你只会玩，多丢脸啊！"

他们这么说，是自己把孩子的脸丢了，还叫他们要谦卑礼貌。

最近在美国出现这么一则新闻：一位韩裔高中生同时被哈佛和斯坦福大学获准入学，因为实在太优秀，两所名校还破例让她在哈佛和斯坦福各就读两年。这个消息传出去还上了韩国新闻，媒体封她为"天才女孩"。

但过了不久，哈佛和斯坦福便发出声明：入学部完全不知道这回事，甚至根本没批准过这位学生！"天才女孩"所炫耀的入学信函全是假的，一切都是谎言！

这个故事看了让人实在很心痛。这回，美国新闻报道了这件事，并反问：美国的亚裔父母对孩子学历的期望和比较心态是否过火了？

这位高中生的父亲后来出面道歉："我非常自责，竟然没有发现孩子所承受升学压力的痛苦，反而还不断地加深她的痛苦。"

这是一个极端的例子，但父母亲互相比较，对孩子的压力是很实际的。我知道，因为我亲眼看过。

同学之间会比较，三姑六婆爱比较，连网友们也都在比较。

最近好几个学术研究显示：使用社群网络容易让人变得不快乐。光是每天上脸书，就足以让使用者的心情明显变差。

　　为什么呢？社群网络让我们知道朋友在做什么，但一般人公开分享的大多是生活的美好。在脸书上，大家都看起来很有面子。当我们看不到朋友的烦恼，只看得到他们的光鲜亮丽，不免会觉得别人过得比自己好。我们给他们点赞，但反观自己，却又觉得忧伤。社群网络就像是一个永远不会结束的同学会，充满了"不公开"的竞争，又只能给彼此大拇指。

　　但同时，也有一些研究发现使用社群网络会让人更快乐。这个差别很可能来自于使用的方法：当人与网友有所互动（例如给对方留言或收到对方的回复，传图文短讯交流时），使用者的心情大致是快乐的。但当人只是被动地"爬文"，没有互动的时候，那快乐感则会迅速消失。

　　结论是：人人都会比较，所以不用害怕竞争！但我们要特别留意那些明明就在竞争、处处都在比较却还要假装没在比较的环境。

　　永远不要憎恨忌妒你的人，但要尊重他们的忌妒。他们是那些认为你比他们更好的人。

　　　　　　　　　　　　　　　　　　　　　——无名氏

对付暗自比较的环境

人在比较心态下很容易树立假想敌。有忌妒心的小人，通常内心会这么想：

"老天应该是公平的，但偏偏对我不公平。"

"在我面前炫耀，是刻意不给我面子。"

"我最痛恨被人瞧不起！"

一旦上了这种人的雷达，实在冤枉到家。你把对方当朋友，他却把你当成眼中钉。他对自己的强烈自卑，反而会把你的善意视为敌意。

当你在这种竞争环境中，千万不要：

- 涨势让大家甘拜下风。（因为小人内心绝不会服气）

- 批评别人来建立自己的地位。（因为小人会拿你的话做把柄）

- 摆出清高的姿态。（这样只会让小人觉得你傲慢）

- 刻意与对方拉拢关系。（就是因为小人觉得与你相近，才会有那么强的竞争心）

- 贬低自己，抬高对方。（做得不好，只会让别人感到虚伪）

- 露出不在乎的表情。（你自认为与世无争，不表示别人不会跟你相争）

但你可以这么做：

- 提到自己曾经付出的代价："当年为了创业，我把身体搞

161

坏了，差点赔上命！"

- 分享过去失败的经验和从中获得的教训。（光是讲自己失败的经验会显得太弱，重点是要透过这些故事，说出你因为挫折而获得的学习）

- 把物质方面的比较，转移到非物质的比较。（例如当对方羡慕你的财富，你可以说自己多欣赏另一个朋友的生活精神："强尼虽然是月光族，但他实在很会自助旅游！"）

- 说出自己因为欣赏某个人，而要改进自己的行动。（"看蒂娜的身材这么好，我现在也开始一周运动三次了！"）

这个概念在心理学叫作"示范作用"，当然不是走伸展台啦，而是透过自己的所作所为，传达比较良性的价值观和思想。

在这种环境里，你要不吝说出别人的好，但吝于批评指教。千万不要用"交换八卦"来博感情，因为你永远不知道今天说的话，会多快传到别人的耳朵里。相信我，只要你说出口，当事人迟早都会知道。

富兰克林是美国建国时期最精明的政治家，见多识广，博学多闻，朋友很多但也不免有些敌人。他的自传中就提到这么一个故事。某天，有名男士在立法院发表了一段演说，对富兰克林颇有微词。富兰克林从来没跟这个人交涉过，被他数落一番觉得莫名其妙。而且这个人很有势力，想必是个厉害的小人！

于是富兰克林写了一封信给这位男士，对立法院的演说只字不提，倒是要求跟他借阅一本书，因为"这本书非常稀有，打听之下只有您有收藏！"当时拥有书是一种社会地位的象征。富兰克林身为费城最有名的读书人，竟然也没看过这本书，让这位男士觉得很有面子。于是他把书借给了富兰克林，而富兰克林还书时也写了一封很客气的谢函。后来两人在立法院相遇，这名男士竟然主动开始跟富兰克林交谈，两人从此频繁来往，建立了很深的友谊。

这就是所谓的"富兰克林效应"：要一个人开始喜欢你，就请他帮你一个忙！

这是一个很妙的心理现象。往往，我们认为喜欢别人才会帮忙，但其实好感也是因为帮忙而产生的。当我们有所付出并获得对方的感谢时，也会因此而更喜欢对方。

要建立好感，你可以客气地提出一个小小的要求，例如：

"我听说你对红酒很有研究，最近要为长辈庆生，可以请教你如何挑选波尔多吗？"

"我知道你对孩子的教育很有心得。最近我的小孩功课压力大，请问要怎么跟他沟通呢？"

一般来说，跟对方的经验或专长有关的要求，比较容易获得正面的回应。记得感谢对方的协助，并回赠一个小心意或写张感谢卡。

"富兰克林效应"也可以用来改善环境中的比较心态。我们可以透过技巧性的要求，让群体中的每个人都能发挥自己的个别长才，让每个人都觉得自己有所贡献。

如果"钱"是唯一的比较基础，富有的人永远会占上风，但如果能让其他人提供知识、创意、好感等无形资源，并从中获得大家的肯定，就有机会创造更加多元尊重的环境。

名利的比较一定会有，因为这是人的本性。但一个环境如果也能重视精神价值，会比一个只用物质和权位做比较的环境健康许多。就如作家大卫·莱姆希所说："（不要）用你不够的钱，来买你不需要的东西，只为了跟你不喜欢的人炫耀。"不要为了这种比较而伪装自己，因为你会变得越来越不像自己。

我们就是我们假装成的样子，所以我们必须小心我们假装成的样子。

——库尔特·冯内古特

权力阶级显著的环境

高危险群：大公司、大家族、宫廷、官僚

这种环境的小人行为特征：

- 表面的虚伪、私下的陷害

- 势利眼的嘴脸

- 强势欺负弱势

- 勾结和贪腐

- 踩在别人的头顶往上爬

环境中的生存心态：有了权力，才能自保!

养过鸡的都知道，新来的鸡不能随便放进鸡群，不然很可能会被啄死。

鸡是很阶级化的社群动物。它们从小就会互相啄击，建立

了所谓的"啄食顺序"(pecking order)。王者鸡能先吃饲料，先找地方睡觉，享有各种特权。在一群鸡之间，大家都很清楚彼此的地位，新来的若不清楚，啄一啄就知道了，所以鸡如果太弱小，随便丢进鸡群里等于给它找死。

鸡顶多互啄，除此之外没什么心机，但猿猴就不同了。公的黑猩猩为了在群体中晋升权位，会偷偷欺负弱者，有时候还会去帮忙照顾其他猩猩的宝宝，因为猩猩社会有个潜规则："抱着小孩的猩猩绝不会挨揍"，好一个假惺惺！

好色的猕猴心机更重。若猕猴王妃觉得某只年轻公猴有潜力成为未来的猴子王时，会偷偷向它示好，甚至冒着被卫士们攻击的风险，趁猴王不注意的时候，跟那只"小鲜肉"跑去树丛里开房间！

当然，人类的权力斗争，就更是精彩了。

即使你没看过《甄嬛传》，也一定听过"贱人就是矫情"这句名言。宫廷文化也不限于紫禁城或凡尔赛宫，只要有显著的权力阶级，以及享有特权的权力中心，哪里都可以成为一个小宫廷。

在一个宫廷内，每个人获取权力的动机不同。许多人觉得权力的关键问题是"是什么"，但我认为更重要的问题应该是"为什么"。换句话来说，我们应该问自己的是："为什么这些人要争取权力？"

有一种人要权力，是因为他们想控制别人，垄断资源。这种人不算多，但他们的自私心难改。若你身边有这种朋友，我建议你跟他们保持一定的距离。话说"权力使人腐败，绝对的权力使人绝对腐败"，这种人若不懂得节制，通常会玩火自焚，千万不要跟他们一起玩。

第二种人要权力，是因为他们曾经受过打压，如今想翻身为自己和家人出气。报复心态的毒性很强，因为它能合理化所有恶劣的行为，甚至化身为假正义。这种人很有冲劲，但也很容易冲过头。处于弱势时，他们可能会不择手段。而获得势力后，他们也未必会宽以待人，还是敬而远之为妙。

第三种人要权力，则是为了求平安自保。他们没有什么非得平复不可的恩怨，也不一定想要承担权力的风险和压力。能够被公平对待，平安过一生，也就够了。这种人可以成为盟友，这种环境也有比较大的机会能够改变。

技能必杀技

这种环境必然会有许多小人，但并不表示我们就得视他们为理所当然。以下是几个自保的方法。

1. 冷静观察时局

当你进入一个新的环境时，先搞清楚组织里的人情世故。

保持低调，并善用一开始的蜜月期做充分的观察。用自己的眼睛和耳朵来判断，不要轻易听信别人的小报告。如果耳闻对自己不利的传言，记得先私下求证。往往你会发现，事情没有别人形容得那么夸张。

2. 提升自己的能力

你必须问自己："我是来搞政治的，还是来做事的？"除了提升自己的能力之外，展现自己对团队的贡献和价值也相当重要。但如果你获得了掌声，也一定要记得大方地感谢对你有帮助的人。

3. 让周遭的同仁感到安全

这一点是自保的最高原则。要别人觉得安全，就要遵守承诺，不可泄露别人告诉你的秘密，并让八卦到你这边就停止。这种方法未必能让你在组织里快速晋升，但你会获得同侪的尊重。对得起自己的良心最重要，让时间证明一切。

4. 维持多元的关系

一个小团队的钩心斗角，很可能会占据了你的世界。要让自己跳出这个局面，必须要培养更广的世界观，意思就是去认识不同环境的人，建立多方盟友。他们不仅能让你有更多角度来反观自己的世界，而且当你有了丰富的人脉资源，自然就能获得"此处不留爷，自有留爷处"的潇洒和自信。

密使阅人术

我有个朋友是美国外交官，还曾经被派到中东当过密使。他曾经教我一个"阅人术"，非常受用。

1. 当对方说自己最近做了什么的时候，至少问三次"为什么"

例如当同事说："我打算找那个新来公司的小幼苗吃饭。"

你就问："为什么？"

"因为她刚来啊！想说让她赶快交几个朋友。"

继续问："为什么？你觉得她需要很快交朋友吗？"

"是啊！你不觉得她好像搞不清楚状况吗？"

继续问："是吗？我没有发现欸！你为什么觉得她搞不清楚状况？"

"你没看到？刚来不到一个礼拜，坐她隔壁的那位，已经在使唤她了……"

为什么要问三次"为什么"？因为我们都会猜测对方的动机（记住，这是人的本性），但那毕竟是猜测，不如直接问当事者可能更清楚。

一般人只会问一次"为什么"，得到的答案可能是实话，但也可能是对方已经准备好的官方说辞。

但当你追问下去的时候，对方需要再进一步解释，这时候就可能透露"动机背后的动机"。

当人脱离官方说辞的时候，也就比较难掩饰。从对方的眼神和肢体语言，可能也让你看出端倪。多了这些信息，你便更能够判断对方是真心诚意，还是在当一个"假装照顾小孩的黑猩猩"。

当然，说话要很有技巧，才不会让对方觉得你在质疑或挑战。阅人凭的是经验和信息，不能光靠直觉和猜测。我教你这么做，不是要你故意装傻，而是提醒你不要自作聪明。多问一下，说不定能获得更多的真相。

2. 相处时，注意对方怎么对待服务人员和有求于他的人

举例来说，一起吃饭时，仔细听对方跟服务员讲话的语气。是和善客气的，还是带有优越感和命令的口吻？马路上有人前来邀请填问卷或兜售口香糖，他是很客气，还是很冷地应对？

马尔科姆·S. 福布斯曾说过："要判断一个人的性格很容易，看他如何对待那些于他无用的人。"

如果一个人对自己人和蔼可亲，但是对有求于他的人讲话很不客气，有可能反映一种阶级心态。这种人可能对权力很敏感，相对来说，也可能比较想要往上攀爬。当然，这也可能是"基

本归因错误"的判断，所以要透过多次观察，如果你很想知道，也许可以直接问对方"你刚才为什么那么做"。

3. 看看他的好朋友是谁

有句名言："你是你身边最亲近的五个人的综合体。"我们多少都会受到其他人的影响。相处的时间越多，影响也会越深。我们的好友并非要跟我们一样，但他们能够成为挚友，也一定在个性和价值观上跟我们有契合之处。

所以，观察一个人的好朋友是谁以及他们花最多时间相处的人，也可以对他们有更深的认识。除了知道他们喜欢什么样类型的人之外，也可以对这个人对权力的价值观做一个粗估。

• 如果他的好友们从教授到黑手什么样的人都有，那他可能比较没有阶级观念。

• 如果他的好友们都彼此认识很多年，他可能比较重视交情和义气。

• 如果他的朋友背景都很像，或许他的生活圈比较狭小，或他只愿意跟类似的人交往，这种人阶级观念通常比较强。

• 如果他没什么好友，每个人好像都只是过客，那你可能要特别留意：他交朋友是否"阶段性"的？背后是否有何种目的？

透过观察，如果你发现一个人有比较明显的阶级观念，在一个高度阶级化的权力架构，也比较可能会想尽办法向上爬。

我的建议是：这种人可以当朋友，但绝对不要挡他们的路。展现自己的价值，同时不要让自己成为一个棋子，是在这种环境中的生存之道。

降低不安全的感觉

最近哈佛和哥伦比亚大学的研究显示：当人感受到"不安"的情绪时，会自动退到自己觉得最安全的本位思考，但也因此会变得比较自私，同理心也会降低。所以，如果你想要改变环境，鼓励每个人发挥同理心并减少对立，无论用什么样的沟通技巧，也都一定要注意给人足够的"安全感"。

这在家庭关系中尤其重要。往往，家人会因为是家人，反而忘记关心彼此，但是"安全感"还是需要培养和经营的。有些人的个性比较容易未雨绸缪，平时需要多一点的安慰。有时候看似平淡的生活，也隐藏着闷闷不乐的压力。

夫妻小两口忙着为家奋斗很好，但一定要注意，不能让压力变成一种"理所当然"，因为压力让人感觉不安，而不安则会使人更无法为另一半着想。如果一对夫妻都只从自己的本位思考，那就很容易起冲突了。

"我就是为家奋斗……你为什么不能体谅？"

"你说你在为家奋斗……但眼里还有我吗？"

要改变这种环境，夫妻需要重建安全感，提醒彼此：

"就算天塌下来了，你还有我！"

"虽然现在状况不好，但只要有你在，我就不担心撑不下去！"

往往，光是这么一句话，就能把原本的火气浇熄。即使是亲人，也必须顾虑双方的感觉。冷静下来，才能以同理心看待彼此。

对于非亲密关系的环境，我们需要强调"人"的感受，才能鼓励将心比心。

斯坦福大学菲利普·津巴多教授长达三十年的研究发现，最容易让人失去良知、伤害彼此的方法，就是把对方"物化"。

历史上充满了这种例子。在纳粹集中营，每一位俘虏都只是一个编号，因为用编号称呼，会让监管的军人对俘虏产生距离感，更容易不把他们当"人"看待。许多现代监狱里，狱卒也仅用编号称呼犯人，这是类似的概念。

你会发现，对于不喜欢的对象，人会自然而然地给他们取个物化的昵称。一来，这样就不需要说出他们的名字。二来，这让我们对他们建立心中的距离感。当我们把人的名字取代为物，就容易对他们失去情感。

反之，当我们给一个东西冠上人的名字，也就比较容易对它产生情感。想想小朋友，一定会给他们最爱的玩偶和宠物取上人的名字，把它当自己的宝宝来照顾。

就连抽象的概念，也能够透过人的故事被赋予人情味。仔细观察美国总统发表演说时，讲到国家的政策，也一定会用民众的故事来叙述："……因为这个改革，在犹他州的史密斯一家人，就终于能够有健康保险了，他们的孩子终于能看到医生了……"

由此推论，如果你要使一个组织更有"人"的温度，减少对立，有个简单的技巧，就要多使用人的名字称呼他们——不是外号，而是他们真实的名字。开会的时候，我们也可以鼓励队员们直接称呼彼此的名字。

当然，在较传统的环境，有些人会觉得这样太随便，不够尊敬，所以当然还是要按照礼仪标准来做智慧的判断，不能让人觉得你"没大没小"。不过，因为我们在这里讨论的是要如何增加人与人之间的同理心和亲密感，减少阶级化的分隔和距离，所以基本上还是建议多称呼人的名字，多分享人的故事，这样就能够很好地软化环境的阶级感。

> 如果我们没有和平，那是因为我们忘记了我们是属于彼此的。
> ——特蕾莎修女

缺乏监督和责任归属的环境

高危险群：制度松散的公司、社群网络、人口多元复杂的城市

这种环境的小人行为特征：

- 作弊、贪戾、犯规
- 愤世嫉俗、对正义的藐视
- 投机取巧，缺乏原则的做事态度
- 不守信用或公然背信
- 各人自扫门前雪，莫管他人瓦上霜

环境中的生存心态：天下乌鸦一般黑，太善良只会吃亏！

当环境里缺乏监督又见到不诚实的行为时，多少人会跟着一起犯规呢？

心理学家丹·艾瑞利设计了一个很有趣的实验来回答这个

问题。他让大学生在教室里做数学习题，答对的题目就能够兑换奖金。

第一组人的答案是由工作人员检查，按照每个人所答对的题目发钱。

第二组人则采取"荣誉制度"：每个人都可以核对自己的考卷，只要告诉工作人员答对了几题，就可以去领钱了，而且离开时还可以把考卷放进碎纸机销毁，所以没有人会知道他们是否有作弊行为。

照理来说，两组学生平均答对的题目应该差不多，但如果第二组学生有刻意给自己"放水"的话，那跟第一组学生的分数比起来，就会有很明显的差异。

你猜，第二组人是否会给自己放水，以便拿到更多奖金呢？

哈哈，当然有！不过虽然有，也没有太夸张：差不多浮报了两成左右。

这不是因为某几个"坏学生"把整组的平均拉高喔！反复测验多次后，艾瑞利教授发现只要给学生们作弊的机会，大部分都会给自己"稍微"放水，但会克制在 20% 左右的"合理范围"内。唯有一种状况，会使浮报的程度大幅增加。

同样一个实验，但这次考试刚开始没多久，就有一个人举手说："我已经做完了！而且全部题目都答对！"

其实，那个人是暗桩，只是其他考生不知道。他们只知道那个家伙一定有作弊（因为那些题目不容易答对），而且还眼睁睁看到他在大家面前领了现金扬长离去。

这回呢？大家给自己放水的程度，就提高了整整一倍之多！

在缺乏监督的环境，一般人都可能会对自己"宽松"一点。但在缺乏监督又明显见到小人得逞的时候，人们就会放纵许多！

社会学有个相应的概念，叫作"破窗理论"（broken windows theory）：如果一个社区的房子有许多破窗户，会让人觉得这个社区缺乏监督，因此会衍生更多犯罪行为；同样的，如果满街都是垃圾，表示没人监督管理，因此一般人也就更会随手乱丢垃圾。

破窗理论的支持者，包括了纽约市警察局长威廉·布拉顿。他就以这个原则，在 20 世纪 90 年代严厉打击街头涂鸦、地铁逃车费等各种"微犯罪行为"，同时大举洗刷墙面，更换破窗，整理街道，加强巡逻等。而他在任六年中，纽约的各种大小犯罪行为都减少了将近一半。当然，这样的监督方式要花大量的人力和时间，而且也不能无限上纲，不然就跟戒严没两样了。除了严格执法外，有没有任何"正面"的方法，能够让人自然而然地维持诚实呢？

道德沉睡

丹·艾瑞利后来又进行了几次研究，但多加了个小插曲：在开始之前,他先请所有的学生们回想"十戒"的内容。^① 而光是这么做,在实验进行时,浮报的行为竟然就消失了!

这意味着什么?十戒里虽然没有写道:"你不能考试作弊",但光想起十戒也算是一种提醒。艾瑞利教授这么解释:绝大部分的人还是正直、善良的,但维持道德标准很累,所以我们在日常生活中很容易松懈;这个现象叫"道德沉睡"(moral slumber)。

换句话来说:我们的内心都有个"君子",只不过这个君子很爱困,需要不时地叫他一下。

"道德提醒"的力量不是靠惩罚的威胁,而是靠个人的良心。

举例来说:"务必要自重,诚实作答!"算是提醒。

而若加上一句:"……作弊的人会被淘汰掉!"则是威胁。

但道德提醒则是:"请回想上一次,当你靠自己的努力,完全没有投机取巧而完成了一场困难的挑战……虽然当时你可能没有拿第一名,但那踏实的感觉实在很不错,不是吗?"

————————

① 虽然书中把纽约治安的改善完全归功于警察局长的施政,但后来也有学者指出,当时纽约市区经济起飞,也可能是造成整体环境改善的很大原因。而且不少人也批评说,警察局长当时施行的"零容忍政策"太严格,尤其对于社会底层人士来说,已经影响了基本人权,所以"破窗理论"目前各有支持者和反对者。

亚洲人可能不太熟悉"十戒",但在欧美国家,几乎每个人小时候都听过 The Ten Commandments。它在西方社会算是文化通识,不只是犹太人和基督教徒知道的。

这种发自内心、经过大脑的自省思考，更可能唤醒个人内心的君子，让人以比较高的道德标准监督自己。

虽然这么做比较费时，而且看起来未必有效，但你觉得哪种环境比较可能养成君子般的自重，哪种环境比较可能促成投机取巧、钻漏洞的刁民呢？

您的速度是……

有另一种道德提醒的技巧，那就是运用人的比较心态。即使在难以监督的环境中，我们还是可以设计一些方法，让可能正在打瞌睡的君子们有机会照照镜子。

在美国，靠近学校的道路通常速限设在 25—40 公里每小时，但许多驾驶者根本不理会这些告示，时常超速 15 公里每小时以上，对附近出入的学生造成危险。许多地区没有足够的警力，也很难查处，直到有人想出一个办法：把测速雷达和速限告示牌结合在一起。这些测速告示牌上面会写着当地的速限，旁边的 LED 则会显示"您目前行驶的速度"。理论上，当驾驶员看到速限，又在告示板上看到自己超速的程度时，就会在两个数字的比较之下，达到提醒矫正的目的。

实施后发现，这样的告示牌果然不需要测速照相或警察开单，也能很有效地让车子减到速限，既达到了目的，又节省了资源。

在许多环境中，我相信丹·艾瑞利的理论是对的：一般人虽然都会稍微犯规，但只要有适当的道德提醒，也能克制许多问题。只要用对了技巧，正面提醒也能跟负面的惩处威胁一样有效。就如有些商店挂个牌子"监视录像中——偷窃必送法办"，但有些商店只写"摄影中，请微笑"，两者背后的目的相同，但给人的感受却很不同。

当然，有些时候，人们都已经对环境放弃了希望，那劝也就无效了。在这种状况下，劝导可能还是要搭配严格的规范和惩处，才能有效地控制违规行为。太多的监督不但会侵犯人权，也可能造成压迫的气氛和集体的不满。其中的平衡，就是要靠执政者以智慧拿捏。

我的建议是：对于缺乏责任归属的环境，必须尽量建立责任制度。如果群体已经对环境丧失信心，就必须用规范加上鼓励民众参与行动，让大家看到良好的成果，也因为参与而开始关心自己的环境。渐渐地，当大家开始对环境投入情感，也就有机会运用软性的道德提醒，让每个人能够扮演出最好的自己这一角色，也从中维持环境的良好发展，进而产生正面循环。

当你为生活中的一切负责时，你就能改变生活中的任何事情。
——哈尔·埃尔罗德

利益挂帅的环境

高危险群：商场、贸易市场、任何重视金钱利益的社群团体

这种环境的小人特征：

- 斤斤计较、自私自利的行为
- "只要能赚钱，什么都可以"的道德沦陷
- "有钱就能任性"的特权心态
- 势利眼、炫富的生活态度
- "我只是来这里赚钱的"的佣兵心态

环境中的生存心态：有钱就是一切，所有其他的考量都属于次要，先赚了钱再说！

　　"金钱挂帅的环境"矛盾之处，在于钱能够摆平生活问题，但也创造了生活问题。钱本身没有善恶可言，却能彻底影响我

们的判断和行为。

当人说自己"爱钱"，指的当然不是那些纸钞和铜板，而是它们所象征的东西：权力、自由、美好的物质生活。钱可以换来许多享受，也可以做好事，但往往也成为最快让人腐败的东西，为什么？

人都有自私的本性，渴望获得更多，并害怕损失。但同时，人类也有奉献的本能，时常为了群体而自己承担损失。但当我们把钱挂在心上时，就很容易进入另一种斤斤计较的计算模式，而展现自己比较自私的一面。

近期发表的心理学实验就发现，光是想到钱就足以让人变得比较自私，而光是看到钱的图片，人们在合作游戏中就会比较不愿意跟队友配合，甚至还比较可能会作弊！学者有个理论来解释这种矛盾的心态：当我们做决定时，有两种考量基准，一种叫"社群标准"(social norms)，一种叫"市场标准"(market norms)。我们通常会用社群标准对待亲朋好友，求的是好感，比较不讲究利益。但我们比较可能以"市场标准"跟陌生人往来，以贴近商业的心态，力求"公平交易"。

只考虑到金钱，就能让我们的思考模式从社群标准跳到市场标准的回路，也很难再转过来。就像许多人买东西时不会斤斤计较，不过一旦开始比价，就会一路比到底。你可能也有过这种经验吧？跟小贩杀价，一开始有点别扭，但杀红了眼后，为了几块钱也会跟对方相争。其实同样的几块钱在别的状况，例如去吃一顿开心的大餐时，我们可能一点也不会计较。

所以，面对利益和金钱挂帅的环境，我们需要不时提醒自己。

第一，"斤斤计较"容易让自己陷入僵局，不要为了小钱而错失大局。

第二，"价钱"与"价值"其实是不一样的东西。

想想看：一瓶矿泉水的生产价是固定的，但对于你的用处却有很大的差异。在家里，一瓶矿泉水对你的价值很有限；但在沙漠里，当你已经被太阳烤得晕头转向时，一瓶矿泉水的价值就非常高。通过判断一瓶水可能有的价值而随之调整这瓶水的标价，就是"商业"的基本学问。

因为在社会中，价钱和价值往往都成正比，所以许多人就会建立起"钱"＝"值"的认知：要价高，表示质量好；钱赚得多，表示工作值得；拥有的钱多，表示人生有价值。

但这只是个迷思，因为价值来自于你的用处和贡献，跟金钱不一定有关系。在利益挂帅的环境中，我们很可能学会用钱来做质量判断，但其实这个逻辑应该倒过来：先看一件事物的价值，再决定它的价钱。

Paypal 创办人，也是硅谷最成功的创投家之一 Peter Thiel，就曾经给所有想创业的年轻人一句建言："不要为了开公司而开公司；你开公司是要为了解决问题。"换句话说，如果你解决一个原本无法解决的难题，方便了人的生活，那你的公司就有了存在的价值，而一个有价值的公司，也比较容易跟投资者谈价钱。

但放眼看去，在先进的社会，许多公司的存在意义似乎只是为了赚钱，而不是创造价值。许多员工上班的意义只是为了赚钱，而不是创造价值。这种做法往往都撑不了太久，而且很浪费宝贵的时间和脑力资源。

如果环境里的每一个成员都能尽力为群体创造最大的价值，那会是何等的梦想国度啊！

我们需要把身边的环境，尽量从"价钱导向"转为"价值导向"。我们需要鼓励年轻人的不是"如何赚更多钱"，而是"如何创造更多价值"。创造了自己的价值后，只要懂得善用机会，钱就会随之而来。

有些人觉得运气好就能赚更多的钱，就像是当初参与脸书草创时期的年轻人，现在各个都身价上亿。曾经有人问其中一位："达斯汀·莫斯科维茨，你现在是个身价数亿美元的富翁，感觉如何？"达斯汀·莫斯科维茨先引述了美国知名喜剧演员路易斯·C.K曾说过的话："我从来不觉得钱应该是'我的钱'。钱就是钱，它是一种资源，而当它汇集在我身边的时候，我就得负责把它再冲回环境里。"达斯汀·莫斯科维茨接着说，"我和我太太成了资金的管理人，而这资金刚好目前汇集在我们身边。

但我们相信它始终属于这个世界。我们用这样的态度管理金钱，虽然不能说经营得十全十美，但我们会持续朝这个方向努力。"

我非常欣赏达斯汀·莫斯科维茨的答案，以及他目前成立的社会企业项目。我绝对愿意用我的钱，来支持这样的社会投资，也盼望在未来的日子里，更多成功人士能以自己的方式贡献社会。

金钱就像水，越流动越有价值。

运气也是一样，越活动越有运气。

希望我们都能把利益转为价值，不仅为自己也为别人，让大家都能有好运气。

我相信，最幸运的人不是拥有最多钱的人，而是创造了最多人生价值的人。

从众的回报是每个人都喜欢你，除了你自己。

——丽塔·麦·布朗

小实验：评估环境中的小人风险

现在你知道什么样的环境比较容易造成小人行为，也可以用这个简易的清单来评估自己的周遭环境。

对于每个环境，请给予 0 到 5 的评分。0 = 完全不是，5 = 完全是。

这个环境是否有高度同化的压力？

这个环境是否有许多不公开或不透明的竞争？

这个环境是否有很显著的权力阶级？

这个环境是否缺乏监督和责任归属？

这个环境是否以金钱利益为最高优先？

把你的分数加起来再乘以 4。

举例来说，如果你评估的是自己上班的环境，而你填写的分数是：

3

4

4

1

3

这些分数加起来等于 15

再乘以 4 等于 60

0—40：低风险——这个环境可以让你放心，虽然不是说完全不会有小人，但相对来说概率较低。在这种环境，人性比较容易发挥善良的本质，队友也比较乐于互助。即使有小人，也比较能以公平的方式与你竞争。

41—65：中风险——这个环境的特质，足以形成某些小人，但整体来说，他们还不至于会太嚣张。只要注意自己的言行举止，大致可以避开犯小人的危险。

66—100：高风险——这种环境就要小心了！在这种环境，连盟友都有可能会背叛你。最好低调一点，有机会则换个环境，不要让自己陷得太深，并寻找低风险的环境当避风港。千万不要因为长期待在这种环境中，而把自己也变成小人了！

后记

最近我看到了一篇很有意思的报道。

哈萨克北部有个名叫卡拉奇的小镇。从大约两年前开始，镇上的居民患上了一种"睡眠怪病"。人们会莫名其妙睡着，有的在工作中途就会突然不省人事，有的走在路上就会昏倒，而且一睡就是好几天，醒来什么都不记得，也有人依稀记得梦中有长了翅膀的马和啃食着手的妖怪。

由于这个怪病影响了几乎所有当地的居民，迅速引起了国际关注。外界甚至猜测这可能是一种罕见的传染性脑炎。哈萨克总统也下令一定要调查清楚。经过两年多的研究，科学家最近终于找出了原因。

祸首来自小镇附近的一个铀矿。在冷战

期间，这里出产的放射性铀曾供苏联制造核子弹头。苏联解体后，这个铀矿也荒废了多年。之前都没有传出任何不寻常的消息，但不知为何，近期矿内会释放出大量的一氧化碳。无色无味的一氧化碳散布在小镇内，导致居民不知不觉中毒昏睡。现在找出了病因，哈萨克政府也赶紧安排居民迁离。

我们可以想象，如果这发生在 100 多年前，当地的居民可能会找来神父和驱魔师大做仪式，也一定会留下许多想象力丰富的传说。但仪式归仪式，终究无法解决一氧化碳的基本问题。好在这是 21 世纪，我们不但多了侦测仪器，碰到了怪事，也会先找科学的解释。

许多古代的谜，也是近年来才有了较合理的解释，例如神秘的玛雅文明，虽然一度称霸整个中南美洲，却突然在历史上销声匿迹，只留下一堆森林中的废墟遗址。后人根据神殿里的浮雕，想象玛雅人说不定还受到外星人影响，才会有那么详细的天文记载，还衍生了 2012 年 12 月 21 日的末世预言，等等。

但最近，科学家提出了一个更有根据的理论：玛雅人曾经大量伐树，一方面为了应付粮食需求而砍树耕田，一方面为了建立辉煌的宫殿建筑。当科学家用电脑模拟自然环境时，发现一旦树被砍光，当地的气温就会上升 3 度至 5 度，降雨量则会下降两成到三成。若刚好不巧遇到旱灾，这个状况就会变本加厉，甚至有可能让当地的农业一蹶不振。所以最新的认定是：玛雅文明的消失，很可能是自己的过度发展所造成的。

多么可惜啊！拥有先进天文知识的玛雅祭祀们，虽然坚信每天要用鲜血拜日才能维持世界的运转，却没料到会因为砍树而害了自己。

还是说，当时也许有人提出了警告，但被伐树的工人和建盖宫殿的师傅们联手抵制。

虽然到了21世纪，但同样的状况，现在也正在上演，地球暖化、海洋保护等议题，警告的声量往往抵不过利益的游说。为了避免给子孙带来不幸，我们得赶紧面对现实，慎重看待环境中的警讯。

同时，我们也该用客观的态度和科学的研究方法，来验证或修正一些传统观念。虽然目前的理论未必是最正确的，但我相信严谨和理智的求知，能让我们逐渐找出更多答案。很希望大数据分析可以从复杂中提炼出趋势，帮助我们更早发现问题。也很期待不久的将来，全自动车辆能让路上的意外减少到几乎成零，更盼望通信科技的发展能拉近人与人之间的距离。

我们多么幸运，活在如此突飞猛进的时代！希望这本书所提供的概念，能帮助你更有勇气迎接未来的多变和挑战。相信自己的能力，结合正面的力量，采取积极的行动，我相信我们都将得到成功。

你愿意为自己全然负责的那一天，也就是你能够全然改变自己的那一天。

版权登记号　图字：01-2019-3836

图书在版编目（CIP）数据

不要成为一只面对车灯的鹿：巧用七个心理学方法
从容面对生活 / （美）刘轩著.-- 北京：作家出版社，
2019.10

　ISBN　978-7-5212-0687-6

　Ⅰ．①不… Ⅱ．①刘… Ⅲ．①心理学—通俗读物
Ⅳ.① B84-49

　中国版本图书馆 CIP 数据核字（2019）第183033号

不要成为一只面对车灯的鹿：巧用七个心理学方法
从容面对生活

作　　者：（美）刘轩
责任编辑：丁文梅
特约策划：曹福双
装帧设计：苏艾设计
出版发行：作家出版社有限公司
社　　址：北京农展馆南里10号　　　邮　　编：100125
电话传真：86-10-65067186（发行中心及邮购部）
　　　　　　86-10-65004079（总编室）
E-mail: zuojia@zuojia.net.cn
http://www.zuojiachubanshe.com
印　　刷：中煤（北京）印务有限公司
成品尺寸：142×210
字　　数：120千字
印　　张：6.5
版　　次：2019年10月第1版
印　　次：2019年10月第1次印刷
ISBN　978-7-5212-0687-6
定　　价：45.00元